韦德在格罗弗的指导下训练

RELENTLESS

麦蒂在格罗弗的指导下训练

RELENTLESS

阿里纳斯在格罗弗的指导下训练

RELENTLESS

韦德和麦蒂一起在阿泰克体育中心训练

RELENTLESS

让乔丹走上神坛的“早餐俱乐部”

RELENTLESS

在回顾迈克尔·乔丹极富传奇色彩的 NBA 生涯时，人们总会忽视一点：与其所获得的令人仰视的成就相比，乔丹数十年如一日自我砥砺的刻苦程度才是常人真正难以企及的。而在那段岁月中，“乔丹早餐俱乐部”是一个绝难被绕开的字眼。

顾名思义，“乔丹早餐俱乐部”是乔丹等人相约在早餐前后进行训练的一种体制。夺得生涯第一冠、1995 年第一次复出和 2001 年第二次复出时，“乔丹早餐俱乐部”都被视为乔丹最终能够走向神坛的关键因素。尽管媒体一直在挖掘相关的内幕，但这个俱乐部却一直都笼罩着一层神秘色彩。其神秘之处就在于，俱乐部没有固定的场所和成员。以 90 年代中期为例，他们的活动地点一般在公牛的老训练基地贝尔托中心，至今贝尔托中心力量房仍保留“乔丹早餐俱乐部”的原貌。

△ 乔丹与队友手捧奖杯，庆祝公牛夺得三连冠

反击坏孩子军团

乔丹为什么会专门组建“乔丹早餐俱乐部”？根据他早年的自传记载，这个俱乐部最早形成于 1990 年。由于乔丹一直被活塞坏孩子军团欺负，所以他想通过一种特殊的训练增强自己的身体对抗能力和肌肉耐久力，这就是乔丹组建俱乐部的初衷。

20 世纪 80 年代的 NBA 尚且处于一个推崇身体对抗的时代，尤其是在东部。那些年 NBA 的共识就是：东海岸的球队更擅长身体对抗，西海岸则更注重技战术配合。就连在湖人队大玩“表演时刻”的莱利，一来到纽约也立马放弃了华丽进攻，转而一门心思钻研起了铁血防守，尼克斯甚至变成了拳击队。

△ 乔丹在奋力突破活塞的防守

这就是 80 年代末 NBA 的大环境。坏孩子军团用超级彪悍甚至是野蛮的打法给全联盟树立起了新的标杆：任何人想要夺冠，必须从身体到心灵上都经得起活塞的考验。而在 1990 年再度被活塞击败后，乔丹终于下定决心，高薪聘请一位私人训练师，帮自己量身打造一套科学的加练计划。蒂姆・格罗弗（Tim Grover）也就此走进了乔丹的世界。

△ 蒂姆·格罗弗在他的训练中心

王牌训练师蒂姆·格罗弗

蒂姆·格罗弗是当今 NBA 最负盛名的王牌训练师，但在 1990 年乔丹公开征召训练师时，身高只有 5 英尺 11 英寸（180cm）、年龄还没乔丹大的格罗弗根本没入乔丹法眼。不过，作为芝加哥人，格罗弗很早就开始关注乔丹，在面试的时候，他给出了一份极为详细的报告，历数乔丹在比赛中的诸多细节问题，并以此征服了乔丹。

如今的蒂姆·格罗弗不仅是乔丹品牌的签约训练师，还从 2008 年开始担任科比的专职训练师。他在芝加哥拥有自己的训练公司“阿泰克运动”康复训练中心（Attack Athletics），训练室里挂满了乔丹和科比的照片。

没有人知道格罗弗到底给乔丹制定了一套怎样的魔鬼计划，人们只知道，乔丹为此的确做出了一些牺牲。比如，虽然他当时是佳得乐饮料的代言人，但除了拍摄广告、出席商业活动外，他很少喝饮料。

挑战人体极限计划

最初，乔丹和格罗弗商定在公牛队的午后训练课后再训练。但在漫长的训练课后，乔丹的精力已不足以支撑其完成格罗弗制定的计划，最终两人决定将训练提前到早饭前后。这意味着乔丹不得不牺牲其丰富的夜生活。要知道，很多球员都习惯在赛后去夜店狂欢一把，往往凌晨三四点才休息。

当时的 NBA 各队基本上都是从上午 10 点左右开练，午后练到下午 4 点结束，这让很多球员尤其是老将能够合理分配体能。但球员们多会把精力集中放在午后的训练课上，上午就是“打酱油”。这套策略始于 70 年代中后期。在 1971 ~ 1972 赛季，湖人率先启用了这套时间表并最终取得了 33 连胜。

当时湖人老将居多，于是新帅比尔·沙曼就制定了“shoot-around”策略，集中在午后训练。这既能帮助球员为晚上的比赛储备精力，又能避免比赛的开局慢热。当赛季湖人豪取 33 连胜并最终夺冠，很多球队开始效仿这种做法。而乔丹的早餐俱乐部计划却恰恰违背了这一“祖制”。

消息传出后，媒体议论纷纷。在早餐俱乐部计划实施之初，到比赛第四节乔丹的精力开始难以为继。很多记者都对此表示担忧，连乔丹的老对手活塞队都开始对乔丹冷嘲热讽：身体不是那么练的。底特律媒体也说：连年的失利都快把乔丹逼疯了，过度的训练只能适得其反。为了警醒乔丹，《芝加哥太阳报》还专门拿出了 1989 年总决赛赛前莱利的湖人队过度训练把魔术师约翰逊和斯科特练伤的反面教材。公众的忧心让乔丹不得不站出来回应：我制定早餐训练计划的初衷就是锻炼自己的耐久力，希望能在极度疲惫的情况下依旧能在精神和体能上保持强大。

乔丹向公众解释说，早餐俱乐部计划就是一个挑战人体极限的计划，他希望球队和球迷能够给予自己足够的时间，效果日后自会体现。尽管连媒体都奉劝乔丹没必要这么折磨自己，但他正是在这种自我折磨中练出了很多“没必要”的技术，比如左手投篮和闭眼罚球。

最终，这一计划令乔丹大获成功。1991 年东部决赛上，公牛横扫多年苦主活塞，总决赛面对老迈的湖人队，公牛更是尽显身体对抗上的优势。皮蓬一度将魔术师防得动弹不得，乔丹更在攻守两端完爆自己的师兄沃西。身高占优的沃西背打乔丹连连吃瘪后慨叹：力量增强之后，他真的完美了。

“我不再羡慕乔丹的天赋”

1991 年的冠军或许是乔丹六个冠军中拿得最轻松的一个，最高得分也不过 36 分，他还没完全发力，湖人就已经兵败如山倒。乔丹的苦练让其变得十分从容，不仅媒体有这种感觉，乔丹的队友都意识到这一点。于是那年夺冠后，他们也纷纷加入了乔丹早餐俱乐部。

1995 年春棒球联盟停摆，这让很多人认定乔丹必将重回 NBA，有人还看见了格罗弗现身贝尔托中心。这意味着什么？果然，就在 1995 年3 月18 日，乔丹说出了那句轰动全球的“I’ m back”。只可惜，状态未能完全恢复的他最终止步半决赛。

那年夏天，“乔丹早餐俱乐部”星光熠熠：不仅皮蓬、哈珀等公牛球员来给乔丹陪练，连巴克利、尤因、魔术师约翰逊等人也都专程来见识传闻已久的乔丹早餐俱乐部，NBC 名嘴艾哈迈德・拉沙德全程陪同乔丹。乔丹做的第一件事就是叮嘱大家对在俱乐部的所见所闻保密。

所有球星都信守承诺，没有泄露俱乐部的具体细节，但显然乔丹训练的魔鬼程度令他们无比震惊。巴克利日后接受采访时说：“与乔丹一起训练，让我真正重新认识了他。从今天起，我不会再羡慕他的天赋，因为他的成功更多是通过常人难以想象的刻苦训练换来的。”

△ 乔丹带领公牛横扫魔术

尽管巴克利与乔丹早在 1984 年奥运会选拔队时就成了好朋友，但直到 1995 年与乔丹一起训练，巴克利才体会到乔丹成功的秘诀和超强的自律精神，这让他自叹不如。巴克利说：“我热爱胜利，但我也爱美食。每个人都批评我的饮食无节制，但体重也是我的优势一部分。”

媒体铺天盖地的宣传，世人终于“发现”苦练才是乔丹成功的秘诀。很多人开始制定自己的训练计划。乔丹的两位接班人“便士”哈达威和科比就是这么干的。2002 年科比被爆出已坚持 6-6-6 魔鬼训练多年，而便士也制定了加练力量和增重的计划，还放言要单季场均 40 分。

冠军之心

乔丹通过早餐俱乐部既挑战了生理极限更挑战了精神极限，精神上的强大让他创造了无数不可思议的神奇。1997 年总决赛第五场前，乔丹吃了一份比萨饼外卖后发生肠胃绞痛且伴有高烧，几乎脱水。尽管如此，乔丹依旧能突破生理极限，全场狂砍 38 分，平日的苦练终获回报。赛后经典一幕诞生：近乎虚脱的乔丹倒在了皮蓬的怀里，就像一个伟大的刺客完成了最后一桩心事后的如释重负。那是迈克尔第一次也是唯一一次向全世界展示他的虚弱，但这虚弱却包裹着无与伦比的强大内核。

△ 赢得比赛后，近乎虚脱的乔丹倒在皮蓬怀中

1998 年总决赛第六场最后 3 分钟，乔丹明显体力不支，该他罚球时他的腰弯了半天才

直起来。温特认为应该让乔丹歇一分钟，他对禅师一遍又一遍地说：“他不行了，连续 4 次跳投不中，他的腿要断了。”但比分咬得那么紧，禅师不敢换人，他只能喃喃说：“再坚持一下，迈克尔，再坚持一下……”

所有人都看得出乔丹的体能严重透支，禅师唯一能指望的就是他靠毅力再支撑一下。乔丹连续冲击篮筐博到罚球，比赛的最后 30 秒，公牛 85 ：86

▽ 乔丹与阿泰斯特的激烈交锋

△ 火箭曾经的“三巨头”：奥拉朱旺、皮蓬与巴克利

仅落后 1 分。马龙持球单打罗德曼，结果乔丹斜刺杀出将球断下，随后快速推进到前场，晃倒拉塞尔，滞空跳投命中，整个过程一气呵成，令人惊叹。

2001 年夏天更劲爆的消息传出。据说乔丹在北卡的某个训练馆重启了“乔丹早餐俱乐部”，奥克利等一群老哥们自发陪他练球。巴克利也公开声称如果乔丹复出，自己也会一道复出。但最终，当乔丹真正复出时，巴克利却坐到了 TNT 演播大厅里：“瘦身过程太痛苦了，我还是换份工作吧。”

1999 年 1 月宣布退役后，乔丹的确停止了训练，身体迅速发福。之后，经过格罗弗的指导，乔丹自认为状态已然恢复到 1998 年的水准。包括禅师、皮蓬、艾哈迈德·拉沙德等老熟人在看过乔丹训练后都表示乔丹复出后场均 20 分不成问题。为了检验训练成果，乔丹拉来了公牛新秀、以防守闻名的罗恩·阿泰斯特。起初阿泰斯特并没有尽全力防守，乔丹连续得分后开始调戏菜鸟：小子，你就这么点本事吗？

谁是下一个统治者？

在公牛，乔丹的存在让皮蓬心服口服，他甘愿拿着队内倒数的寒酸薪水全力打球，但是在离开乔丹后，皮蓬也理所当然想追求一把名利双收。为了保持良好的竞技状态，他专门聘请蒂姆·格罗弗帮自己训练。前火箭球员马克·布拉德曾说，“皮蓬当时雇了乔丹的私人训练师，他的心思很明确，就是想当第二个迈克尔·乔丹……”

作为乔丹的御用训练师，格罗弗借助着乔丹成为了 NBA 最著名的王牌训练师，并获得了乔丹品牌的长期合约。第三次退役后，乔丹开始一门心思经营自己的品牌。事实上，从 2000 年起，乔丹联手格罗弗就提出了“乔丹早餐俱乐部年轻运动员激励计划”，努力把神秘的“乔丹早餐俱乐部”打造成一种品牌理念。

△ 在公牛主场迎战湖人的比赛上，科比首次与乔丹当面对决

1997 年科比在犹他连续投出三记三不沾，为了帮科比重塑信心，“湖人教父”杰里·韦斯特出面联系乔丹，让科比休赛期跟随他一起训练。当科比提前一个小时来到约定地点时，却发现乔丹早已开练良久。

和科比训练后，乔丹曾分享过一种感觉，

NBA 球员习惯称之为白热空间。一旦进入到这种境界，眼前的一切都会变慢，对手的防守漏洞会完全呈现在你面前，这时的你可以随心所欲选择攻击模式。乔丹告诉科比，白热空间就来自于苦练，别无他法。后来成为顶级球星的科比渐渐领会到乔丹所说的白热空间境界，这个概念还最终被拍摄成了一部由科比出演的广告片……

2008 年，德怀恩·韦德因膝伤赛季提前结束后，慕名投身格罗弗门下，希望这位乔丹的御用训练师能够帮自己回到巅峰状态。经过格罗弗的悉心调养，韦德最终于 2008 年夏成功复出，并在北京奥运会上表现惊艳。更重要的是，和格罗弗的相处让韦德和乔丹建立了初步联系。

几乎同期，科比也找到蒂姆·格罗弗，希望其能够出任自己的专职训练师。经历了多年 6-6-6 超高训练量后，30 岁的科比希望能够找到更加科学高效的训练方式。2009 年整个总决赛期间，格罗弗一直陪在科比左右。

△ 科比与乔丹的球场“厮杀”

聘请格罗弗后，科比再度被套上了“乔丹接班人”的头衔，毕竟格罗弗正是因为帮乔丹创建了“乔丹早餐俱乐部”成名。格罗弗也指出，科比在全方位向乔丹靠拢，无论是比赛状态、对比赛近乎偏执的控制欲还是说话的语调都是如此。

科比以精力超常闻名，经常凌晨三点就打电话喊人陪他训练。格罗弗“叫苦不迭”，叹息陪科比训练比陪乔丹还痛苦。最终他为科比指派了一位自己的嫡传弟子，这位弟子能够不分时日、不辞劳苦，随时陪科比开练。

2009 年夏，正是听从格罗弗的建议，已过而立之年的科比决定转变进攻方式，他致电奥拉朱旺，希望能学习后者的梦幻舞步。同样，对于韦德，格罗弗也曾建议其效仿科比，及早转变进攻方式，强化中远距离投篮，减缓膝盖软骨组织的磨损速度。

经过乔丹、科比、韦德等人的宣传，更多球星也纷纷转投到格罗弗门下。2010 年夏，麦蒂终于下定决心炒掉了为自己服务 11 年之久的训练师韦恩·霍尔，转投格罗弗。

（资料来源：网易体育 NBA）

野蛮进化

乔丹、科比御用极限训练师首度公开
“统治者”潜能激励心理学

〔美〕蒂姆·S. 格罗弗（Tim S.Grover）
〔美〕莎莉·莱塞·温克（Shari Lesser Wenk） ◎著

尘 间 ◎译

SPM
南方出版传媒
广东人民出版社
·广州·

图书在版编目（CIP）数据

野蛮进化 / (美) 蒂姆 ·S. 格罗弗，莎莉 · 莱塞 · 温克著；尘间译. — 广州：广东人民出版社，2014.6

ISBN 978-7-218-08504-3

Ⅰ. ①野… Ⅱ. ①蒂… ②莎… ③尘… Ⅲ. ①成功心理－通俗读物 Ⅳ. ① B848.4-49

中国版本图书馆 CIP 数据核字 (2014) 第 032466 号

Yeman Jinhua

野蛮进化

[美] 蒂姆 ·S. 格罗弗　莎莉 · 莱塞 · 温克　著　　尘　间　译

出 版 人：曾　莹

策　　划：中资海派
执行策划：黄　河　桂　林
责任编辑：肖风华　梁　茵　洪玉琴
特约编辑：易　伊　郑　岩
版式设计：李婉琳
封面设计：WONDERLAND Book design 仙境 QQ:344581934

出版发行：广东人民出版社
地　　址：广州市大沙头四马路10号（邮政编码：510102）
电　　话：(020) 83798714（总编室）
传　　真：(020) 83780199
网　　址：http ：//www.gdpph.com
印　　刷：深圳市福圣印刷有限公司
书　　号：ISBN 978-7-218-08504-3
开　　本：787mm × 1 092mm 1/16
印　　张：14　　**字　　数**：154 千
版　　次：2014 年 6 月第 1 版　2020 年 3月第 7 次印刷
定　　价：35.00 元

如发现印装质量问题，影响阅读，请与出版社（020-83795749）联系调换。
售书热线：(020) 83790604　83791487　**邮　购**：(020) 83781421

致中国读者信

To my friends in China—

This book is about my work with the greats like Michael Jordan, Kobe Bryant, Dwyane Wade and Liu Xiang, and how the best get better.

You can be just as Relentless in anything you do.

Tim Grover

致我的中国朋友：

这本书讲述了我和迈克尔·乔丹、科比·布莱恩特、德怀恩·韦德和刘翔等伟大运动员的合作经历，告诉你最优秀的人如何变得更优秀。

你能在任何领域中为梦想野蛮进化！

蒂姆·S. 格罗弗

意志力是任何领域的成功第一秘诀。具体到体育，90% 的人类身体行为是意志控制的结果。《野蛮进化》总结了那群被称为“统治者”的世界超一流运动员的 13 个特征。无论是运动员、CEO, 还是老师，只要调整好自己的思维模式，并具备高人一等的决心，任何人都能成为“统治者”。

权威推荐

迈克尔·乔丹　NBA 名人堂巨星

我认为蒂姆·格罗弗在体育训练方面的造诣首屈一指，他在我的训练计划中的价值是无法衡量的。他总是对一切都掌控自如，他的专业技能精湛而热情。

科比·布莱恩特　NBA 巨星

蒂姆·格罗弗绝对是精神力塑造方面的大师，《野蛮进化》能够帮助你发掘自身前所未有的巨大潜力，帮助你达到连自己也不敢相信的成功，并且永不止步。

德怀恩·韦德　NBA 巨星

蒂姆是怎么帮助我的，这本书就会怎么帮助你：帮你提升到下一个境界，告诉你如何在自己的领域内出类拔萃。我无条件地完全信任他。

查尔斯·巴克利　NBA 名人堂巨星

如果你需要为了某件事去奋斗——体育、生意或者生活，你就得看这本书。没有人比蒂姆更了解残酷的竞争、杀手的直觉以及如何从你的对手身上碾压过去。他是打造“冠军”的顶级大师。

斯科蒂·皮蓬　NBA 名人堂巨星

蒂姆·格罗弗依旧充满渴望而自信，他让他的运动员意识到无论他们具有多么优异的天赋，努力训练永远都是成功的唯一秘诀。

哈基姆·奥拉朱旺　NBA 名人堂巨星

世界上没有比让一个运动员认识到自己的全部潜能更有意义的事，蒂姆·格罗弗的训练让我对自己的能力产生了极大的自信。

迈克·沙舍夫斯基　美国梦之队主教练

蒂姆·格罗弗对人类领导力以及杰出才能的洞察把伟大的球员带向巅峰，他的这本书也能对你起到同样的作用。《野蛮进化》告诉你如何突破常规的桎梏，相信自己的直觉并从此在追逐梦想的道路上无往不前，所向披靡。

帕特·莱利　NBA 名人堂教练

我的全部执教生涯中，在激励并训练世界顶级运动员方面，我从来不想跟蒂姆·格罗弗以外的人合作。

艾德里安·沃纳洛夫斯基　雅虎体育首席记者

格罗弗终于把数十年与乔丹、科比共事的经历展示到公众面前，本书不仅让你知道顶级球星们是怎么做的，而且会告诉你怎么去把那些法则运用到自己身上。真是华丽丽。

科比·布莱恩特推荐序

一届 NBA 常规赛最有价值球员
两届 NBA 总决赛最有价值球员
四届 NBA 全明星赛最有价值球员
获得五届 NBA 总冠军

为梦想勇无止境

没错，我就是一个偏执狂。我想得到自己想要的一切，拿下每一场比赛。没有捷径，没有退路：一刻不能偷懒，做别人永远都不愿做的事，一遍又一遍，不顾一切追逐自己想要的结果。

想品尝这种大多数人不敢奢望的成功？你要学会“野蛮进化”。

我选择蒂姆·格罗弗，因为他和我一样，永不满足，从不会说“嗯，已经够了”。这就是我们的工作方式。

相信我，这可不是个容易的差事。把“海洋饼干”和“海上战将”（均为美国传奇赛马。——译者注）合二为一，铸就一个无敌的统治者，看看蒂姆是怎么训练迈克尔·乔丹和我的吧。

还没到“无与伦比”的境界，在他面前你就是废物。大多数人能做到“优秀”，少部分人能被称为“卓越”，但想要“无敌”，你就要相信直觉。无论已经多么卓越，都还有提升空间，而且你必须去提升。寻找能让你进入巅峰状态的触发点，永无止境。巅峰状态之上还有一个完美的白热空间，所以随时准备攻击，结束战斗。

永远记住你是谁，坚信无论做什么，你都是最好的，用自己的方式活着。

这本书将引爆你的终极潜能。

无论你的梦想是什么，许过何种誓言，你都能达到巅峰，甚至超越巅峰。

科比·布莱恩特

朱彦硕推荐序

台湾著名篮球评论员
《Hoop Taiwan》杂志副总编
《圆球城市》重要供稿人
纬来体育台电视篮球评论员

篮球有很多张面孔

从我开始从事篮球媒体的工作后，我就已经知道，篮球不是只有一张面孔。每个人站的角度不同，高度不同，看到篮球的样子也不同。

在台湾，我曾经跟随一支战绩很糟的职业队采访。媒体也不关心他们，而我想了解的是，他们为什么会输那么多球？我从他们练球到比赛，以及赛前、中场与赛后的更衣室里，倾听他们说什么，讲什么，理解个中的种种琐事，终于发现篮球不是我们站在场外看着他们的样子。有很多想不透，不明白的事，只有身在其中才能想透了，想明白了。当然，球迷不见得了解这些状况，这些状况也不会都呈现在媒体上。但凡事其发生，必有其因。场外球迷也不见得全明白，有时指着骂骂咧咧的，但当事人心里都清楚得很，凡事必有因。

所以，在关注篮球赛事的同时，试着从各种不同的角度去观察、解读，是很重要的事。球迷站在自己的角度看，重点在球星以及球赛本身。而现在产生了很多想了解更多也更专业的球迷，他们会更愿意去知晓职业队里的更多事。

蒂姆·S.格罗弗写的《野蛮进化》，是我见到的第一本球员训练师出的书。训练师这个头衔看似是一个服务性质的职业，但更多的是从一个专业同时也是球员的好朋友角度去看每个明星球员背后的付出。训练师本人必须熟知球员的身体状态，甚至心理状态。这是NBA职业化高度分工下的产物，他们可能会比教练都接近球员的内心世界。而在看过许多“圈内”人士出书爆料一些内幕的时候，即使从新闻从业人员的角度来看，我也很感兴趣。他们不见得都会说好话，球迷看到的，也可能是他们思考、润饰过的内幕，但它仍能在某种程度上呈现一些事实，让大家知道许多不知道的事。“内幕”是此类书籍的重点，但更多的是像一本本成功经验谈：输家是不会出书谈他们怎么失败的。

每个人都渴望成功，成功背后必会付出许多艰辛，尤其是NBA球员，他们的成功往往需要异于常人的努力和天赋。我看过太多有天赋的球员是如何败掉上天赋予他们的条件，最终一事无成，甚至破产潦倒。因此，知道如何成功，不见得一定能迈向成功之路，但它或许能让我们开始重新审视自己的人生。这是对球迷朋友一个很大的激励。

目录 Contents

总决赛前的紧急求助

被动者能打出一场精彩的比赛
掌控者能打出一个令人叹服的赛季
统治者能够拥有一个无与伦比的职业生涯

当那辆黑色萨博驶入阿泰克运动中心的安全门时，已是晚上 10 点。这很正常。职业运动员们随时都会出现在这里，迈克尔 · 乔丹、科比 · 布莱恩特、德怀恩 · 韦德在此长年拥有专属更衣室，无数统治者会来到这里与其他人一道训练、打球或者纯粹放松。

然而这个特殊的夜晚，体育馆里只有一个球员，除了他自己，没人知道他在这儿：球队不知道，媒体和家人也不知道。此时，他的队友们正在 2 000 英里之外的酒店里休息，记者们正对他的手机狂轰乱炸。

季后赛刚打到一半，再过不到 72 小时，他就得重返赛场。

昨晚，在全世界的注目下，他一瘸一拐地走下球场。所有人都想知道答案。他还能打吗？

“我没问题，”他在赛后的新闻发布会上表示。

“他没问题，”教练说。事实上他根本不知道这位球星今晚身在何方。

“我们会为他安排治疗，很快就能恢复，”球队总经理道，其实他早已明白，这名球员接下去连球队的训练都无法参加。

终于，在球队下榻的酒店房间里，他拨通了那个被储存在世界各地无数运动员手机里的神秘号码。

“我需要帮助。”他说。

“你多久能到？”我问。

如果你是明星运动员，瞒着任何人偷偷跑来找我，易如反掌：包架专机，拽上保镖，说走就走，保证绝密。难的是，到了之后你搞不清楚自己是需要紧急干预治疗，还是长期的治疗方案，抑或洗洗脑，让我给你打打鸡血。有些家伙赶到之后，以为就是填写一堆表格，做些延展性训练，一小时之内汗湿三件 T 恤，然后抱着垃圾桶狂吐一番。

但那晚，我们都知道真正的问题不在身体。赛季已近尾声，每个球员身上都有伤病。我不会浪费几个小时来帮他治疗任何伤病，球队里的训练师们应该早已处理过那些常见的病痛。说句实在话：你偷偷包架飞机，飞 2 000 英里到这儿，可不是为了来敷冰块、缠绷带的。我们可以帮你把一些细节调到极致，比如调整你的投篮姿势，这样起跳，那样落地，赛前做这个，中场休息做那个。总之现在得忽略那些伤痛。开始时，你会感觉不舒服，需要一点时间慢慢去适应。就像是在你面前摊开整个剧本，我们共同努力，把剧情设计得完美无缺。如果遵循我们的计划，那他的身体应付比赛应当毫无问题。

但在心理上又另当别论，那也是他打电话给我的原因。所有人都在怀疑他能否重返赛场，能否拿下比赛，是不是已经不行了。那一刻，连他自己都毫无把握。

压力铺天盖地席卷而来。是那种搅得你心烦意乱的外在压力，而非能驱使你克服一切的内在动力。

本该把一切压力阻挡在外，坚信自己的直觉和本能，但他的内心已经受到了干扰。

他飞了 2 000 英里，只为来听这四个字：

别想太多（Don't Think）。

你早知道必须做什么，该怎么做。

你卡在哪儿了？

无论在体育界、商界或其他任何行业，要想出类拔萃，仅仅跻身上游远远不够。你必须保持现有状态，然后更上一层楼，因为在你身后，总有人在想尽办法超越你。多数人愿意停留在“很好”的阶段。但如果你希望自己无人能挡，“很好”之类的字眼意味着“垃圾”。要想出类拔萃，你就得全盘考虑你的职业生涯，为实现一个又一个目标奋斗不息。

为梦想野蛮进化。

如果那描述的就是你，那么本书就是你的人生故事。你就是我所谓的统治者，我们所能想象到的最强大最专注的竞争对手。你拒绝受限；不动声色而又坚定有力地采取一切有助于实现目标的行动；你对成功贪得无厌、迷恋上瘾，它定义了你的人生。

如果那描述的不是你，那么恭喜你：你正踏上一段自身潜能的发现之旅，它将改变你的人生。

本书无关激励。你若在读，说明你早已充满激情。此刻你必须将激情转变为行动和结果。

即便你整天看那些所谓的心灵鸡汤和励志段子，也可能仍不知该如何实现自己的目标。只有欲望不会让你如愿以偿，努力成为别人也不会让你如愿以偿，坐等某些人某些事点燃你的激情也不会让你如愿以偿。

那么，怎样才能达成目标？

相信我：所需的一切早已蕴含在你的体内。你的野心和秘密，你最阴暗的梦想，都在等着你将它们释放。

你卡在哪儿了？

多数人之所以放弃，是因为老是有人对他们讲，哪些事不能做，安安全全地待在舒适区里更轻松。于是他们骑墙而坐，左右摇摆。

然而，如果你不主动选择，你就要被选择。

现在开始，不要再听任何人对你说三道四，你不需要任何人告诉你该做什么、怎么做、该有什么情绪。告诉他们：看到结果再下定论，至于你是如何做到的，跟他们无关。如果你选择极限，那就没有半途而废，没有“可能”，没有“应该”，没有“或许”。别告诉我差不多就行了，要么竭尽全力，要么就干脆别碰它。

决定，承诺，行动，成功。然后重复。

全书都旨在提升你对“优秀”的定义标准。科比说他要 6 枚总冠军戒指？我要他拿 7 枚。有位球员说他希望在 10 周内伤愈复出？我会让他 8 周内如愿。你想减 30 磅？你会掉 34 磅。

无人能挡的人从不自我设限。无论你从事何种职业，我只要你欲望无限，去得到你渴求的一切。不管你自认有多强，或者别人认为你多伟大，你一定还能更强更伟大。野蛮进化意味着你对自己的要求远高于别人对你的期许；意味着每当你想停下脚步，其实还可以向前走。

你必须继续战斗。

你心里想着，“结束了，”你的本能却在说，“接着来。”

书中你找不到任何关于“激情”和“内在驱动力”的废话。我这儿没有任何让你自我感觉良好的方法，提供给那些喜谈“跳出固有思维框框”的梦想家。这儿没有方法。我想教你的是，如何停止那些无谓的思考，以实实在在的行动取而代之。

在这里你会听到迈克尔·乔丹、科比·布莱恩特、德怀恩·韦德吐露心声。**但这并非一本关于篮球的书，我不会告诉你如何成为下一个迈克尔·乔丹，也没人能成为迈克尔·乔丹。科比和韦德会率先认同我的说法。你有可能像这些球员一样叱咤球场吗？或许不会。但你能从他们狂热的工作激情、野蛮的行动力和咬定目标决不妥协的决绝中学到什么吗？绝对可以。你能通过吸收成功人士的经验、吸取失败人群的教训中让自己成功吗？毫无疑问。**

天赋和成就完全是两码事。才华横溢却一事无成的人满大街都是。他们展现自我，竭尽所能，可一旦结果不如意便怨天尤人，因为他们自认天赋异禀，应付这些绰绰有余。但他们错了。真想成功，就不能满足于“很好”，你得额外再使把劲儿。

听着，我并非心理学家，也并非精神病学家或者社工。我不是那种数十年如一日，坐在实验室里搜集数据、作分析、写精英理论论文的研究者。但我所了解的一切和书中所写的一切，都是与那些全球最杰出的精英人士直接接触所得，我了解他们如何思考和学习，怎样成功，为什么失败……是什么让他们在梦想面前变得如此冷酷。并非桩桩精彩，但都真真切切。我从他们身上学到的以及我教给他们的，都将在此与你分享。有趣的是这一切无关科学，只有原始的动物本能。

本书教你如何面对事实，遵循本能；无论看上去多么复杂多么难以企及，甚至很多人都告诉你那根本就不可能实现，忘掉种种借口，事实是，你完全能实现。

我不会告诉你如何改变。人很难改变。我要你坚信现在的自己，进入“状态”，将所有噪音、消极情绪、恐惧、焦虑和谎言阻隔在外，用自己的一切所能，实现自己的一切渴望。

为了帮你理解这一点，我会谈到一些刺激性的话题，倘若这让你感觉不适，也别指望我向你道歉。要想成功就得直面现实，直面你的心魔与瘾疾，而不能对凡事都呵呵一笑。如果别人拍拍你的肩膀夸你“干得好”才能让你从沙发上抬起屁股，那么本书就不适合你。

如果你希望自己无人能挡，就必须面对真实的自己，让你的本性和能力成为前行的动力而非阻力。真正做得到野蛮进化的人，比如统治者，他们天生就是猎人，拒绝别人教自己该如何去做正是他们的阴暗面。无论你能否意识得到，你的确有阴暗面，用好，它就会成为上天赐给你最好的礼物。

如果你的目标是成为业内翘楚，就不能顾虑自己的行动是否会令他人不快，或者担心他们会如何评价你。别跟我谈感情，我要你为实现自己的目的不择手段。自私？或许吧。利己主义？绝对的。如果你过不了这关，那就读读这本书，读完之后或许会有不一样的感受。

就这点而言，你的策略是将别人提升至你的水准，而非将自己降格到他们的水准。永远别再跟任何人比，他们必须得跟你比。从现在起，结果决定一切。

拿那位深夜访客来说，他已然失去了追求结果的动力。他如此害怕失败，无法专注于下一场关键的比赛，无法阻挡挫败感和焦虑情绪肆意吞噬自己的本能与自信。看看他在场上有多失常，对教练和队友翻白眼，呲牙咧嘴，仿佛要死在场上一样。队友们开始被他那副德性影响，像一支开赴战场的军队突然间没了统帅，士气全无，很多强队就是这样输的：球队灵魂打不出状态。这样的事情每天都在商界上演，头儿不是在会上蔫了，就是对员工气急败坏地吼，毫无自信，急躁慌乱，完全不在状态，还常常自以为没人会觉察得到。我可以明确告诉你，整支团队都能觉察到你的反常表现并因此乱掉方寸。

那么，你该如何防止那种恐慌演变成彻底的崩溃？有时后退一步，重新回到能够掌控一切的冷静状态。每个赛季都有球员从世界各地打来电话，让我飞去他们那里。他们知道，只要需要，我就会出现在他们身边。但这次，这名球员冒着擅离球队的风险来找我。他知道自己需要一点空间，他知道，他只能靠自己找回“状态”。

深入那个能让人内心平复、无所顾虑的个人领地，那里只有你和你的本能，能让自己专注，不受消极情绪的干扰。那里你感受不到任何外在压力，只有提升自己的内在动力，一波接着一波，那正是你自己的渴望，而非其他人的苛求。

“别想着会输球，”我看着他的眼睛对他说，期待着他顿悟一刻的神色，“也别说什么‘尽力而为’，因为一旦你只是‘尽力而为’，就仍然可能失败。想要做到最好吗？不要在意伤痛和疲惫，也无需取悦他人；别让对手夺走你的球，别让他们左右你的思想；即便场外闹成一团，你也要不为所动。在场上冷静镇定，因为你有备而来，已将自己调整到最佳状态；你不用告诉任何人你将如何处理场上局势，直接行动。别人手忙脚乱，你只要说一句，‘没问题’，发动致命一击，结束战斗。”

“事后别人会问你是怎么做到的，你闭口不谈。他们不会明白，也不用明白。不妨单独待一会儿，回味一下自己取得的成绩，然后继续迎接下一次挑战。”

此刻已是次日凌晨，包机正等着他返程。“终结比赛，”我又说了一遍，眼神瞬间一亮，他懂了。“该动身了。”他转身对保镖说，“就当我们去了趟奥芝国（美国童话电影《绿野仙踪》地名。——译者注）。”

《野蛮进化》是一本教你把不可能变为可能的书。我认为人人都能做到。读高中时，我还只是一名5尺11寸高的篮球运动员。一次，我在电视上看北卡罗来纳的一场比赛，那是我第一次看到迈克尔·乔丹。这位瘦瘦的大一新生的打球方式我前所未见，随心所欲，毫不做作。他根本无需思考就知道场上该做什么。尽管当时对他毫不了解，但我知道，这孩子会成为统治者。

几年后，我获得运动学硕士学位，在芝加哥一家健身俱乐部当训练师。迈克尔依旧瘦瘦的，但已是芝加哥公牛队的当家球星。20世纪80年代我当上训练师后联系过公牛队无数次，希望能有机会带一名公牛队员训练。除了迈克尔·乔丹，我给每一位公牛队员都写过信。我猜想如果迈克尔需要训练师，应该早就到位了，即便没有，也不会选像我这样刚出道的新手。结果没人理我。那时，篮球运动员还没涉及负重训练，老套的思想认为，上身练得块头太大，会干扰投篮。

到了1989年，我在报纸上读到一则短讯，说迈克尔因在力量和对抗方面不敌冠军队底特律活塞和联盟其他球队而郁闷不已。于是，我再次与公牛队接洽，说服对方安排我和他们的队医约翰·海弗伦、主训练师马克·菲尔见一面。他们建议自己的球星和这个名不见经传、没训练过一名职业运动员的训练师合作？死心吧，这不可能，每个人都这么说。

当然，不去尝试，凡事都不可能。迈克尔曾与一位训练师合作过，训练中拉伤了背部，因此很犹豫是否再继续。但直觉告诉他，篮球运动光靠绝顶的球技还不够。如果他想超越传奇，成为真正的篮球象征，就需要把身体练至极致。他愿意竭尽所能做到这一点，因此便委托约翰和马克找一个真正了解自己需求的人。

与公牛队首次接触后没几天，他们就来电约我到球队郊区的训练基地再度碰面。我猜想那是一次球队训练团队对我的面试，却没想会是被带到迈克尔·乔丹的家里。

和迈克尔聊了一个小时，我摊出整个训练计划：向他展示如何在受伤风险最低的前提下，让他变得更加强壮；每一处身体的变化都将对他的投篮产生怎样的影响；如何适时调整使其身体处于平衡的巅峰状态，最终助其延长职业生涯。

他专注地听我把所有的话讲完，中间始终没有插半句。

“不可能，”他最后说，“讲得太完美，听着不真实。”

“绝对真实，”我对他说，“我会替你制订一套为期 30 天的训练计划，详细列出每一项我们计划开展的训练内容，包括它将如何影响你的身体、比赛状态以及综合力量。我会告诉你会有怎样的反应，便于你能自我调整，最终适应我们想要在你身上实现的变化。食谱、进餐时间、就寝时间，都会有相应的安排。我们会关注每一处细节，方方面面都考虑周全。你会看到，这一切将如何协调发挥作用。”

他给了我 30 天，而我帮他训练了 15 年。

退役时，他说，“要是再让我见到你，我就一枪把你毙了。”

期间，我们相互学习，遇到过无数难题，但从来没有障碍或困难一说，有的只是需要研究对策的情形。因为从未训练过像迈克尔·乔丹一样的球员，所以我们遇到的许多情形都没有现成的对策，也犯过不少错误。我们从错误中积累宝贵的经验，不停地学习。

我们称乔丹是最伟大的球员，并不仅仅因为他能在空中飞翔并投出令人不可思议的球，而是因为他对胜利的渴望永无止境，从不相信有“够好”一说。无论赢过多少次，无论已然多么伟大，他总是不满足，总愿意尽一切努力，超乎想象的努力，去取得自己想要的一切。

20 多年来，那些价值观一直是我与数百名运动员共事的基石，如今它们也是本书的基石：永不满足，永远追求卓越，继而超越卓越；学会追求更高一级水准，即便它尚不存在；直面自己的恐惧，去除那些导致你失败的毒药。

敬畏体能，更要敬畏内心的强大与坚韧。

无论你的杯子里有什么，立即把它清空，我来帮你重新倒满。忘记你的所思所信所想，此刻我们从头来过。清空杯子。那几滴残留将会阻碍你追求卓越。我们要去的，是一个全新的境地。

第二章

重新定义“优秀”

被动者依赖别人评价自己是否成功

掌控者完成任务后会自我欣赏

统治者总是觉得自己还可以做得更完美

2012年度NBA总决赛当晚，迈阿密热火击败俄克拉荷马雷霆问鼎总冠军，赛前我写了张纸条揣在兜里，那是写给我的老客户兼朋友德怀恩·韦德的。

打完总决赛第二场，德怀恩打来电话，问我是否愿意飞去迈阿密，替他做心理激励并治疗膝伤，帮他挺过接下去的几场比赛。我很意外。尽管相熟已久，配合默契，可之前的两个赛季，我们一直没有合作，一定程度是因为我在芝加哥，而他选择了留在迈阿密和队友勒布朗·詹姆斯一道训练。不过我们始终保持着联系，并且像我所有的客户一样，他知道，只要他需要，我就会及时出现在他身边。

换作其他球员就不会打那通电话了。他完全可以仰仗勒布朗·詹姆斯帮热火夺冠，也可以设法应付一下伤痛，让自己苦撑上几场。可赶上夺冠的紧要关头，作为一名统治者，他不会让别人去承受压力，更不会天真地期待一切顺利，他会采取一切可能的行动，把自己放到该放的位置。

所以，当总决赛战成一比一平时，我飞往了迈阿密。显然，赛季一结束，他的膝盖就得动手术，我们没有现成的应急方案，但我告诉他，我会竭尽所能让他在接下去的几天里感受到一个更强大更生猛的自己。

我还对他说："光凭 2006 年度的总冠军戒指还不够，至少得拿上三个，你的职业生涯才算有了意义。"

而当时我真正想对他说的是：如今你已经是一位顶级球星，就不应该刚满 30 就嚷嚷着自己老了，准备把球队交给年轻球员。心态一老，你就真的老了。2008 ~ 2009 赛季，你的膝伤刚刚痊愈，就成了得分王。当时你希望自己能在两个月内完成我们制订的魔鬼式恢复训练。你知道，同样的训练，换作其他人恐怕都得花上 3 个月。那次你成功了。所以别告诉我这回你搞不定。

接下来，我们为他安排了繁重的一对一训练，有时一直要练到凌晨两点，像这样让他远离队友、媒体等一切干扰，还是头一次。

之后的几天，热火赢了第 3 场，接着又拿下了第 4 场，3 : 1 领先。再赢一场就能拿到总冠军，而再输一场就要转战俄克拉荷马城，让雷霆再享主场优势。

该结束战斗了，就是现在。

大量的体能训练当然可以全面激活他的身体机能，但此时，心理层面的训练也同样重要。

他需要设法找回那个真正的德怀恩 · 韦德，而不只是受人追捧的"三巨头"之一。他已经习惯与勒布朗 · 詹姆斯、克里斯 · 波什以及其他队友分享这个舞台，而忘了自己从何而来，为成为最出色的球员，曾付出过多少艰苦的努力。

我不相信那些帮人打气的长篇大论、夸夸其谈，但凡需要花时间解释的东西，根本就是扯淡。每当我对球员讲一些东西的时候，言简意赅即可，行动后他就会知道，我所说的是事实。

总决赛第 5 场，热火赢得总冠军，我给韦德的那张纸条上写的是：

“要想得到真正想要的东西，你必须先成为真正的自己。”

我要他体会那种没有舞台烟雾、没有聚光灯、没有宣传炒作也无需取悦他人的感觉；体会那种专注于球场上瞬息万变的感觉；体会那种在球场拼命的感觉；体会那种全场 48 分钟持续向对手喷射胸中怒火的感觉。那一刻，他应当坚信自己内心所感。

球衣上印的是你的名字。提醒对手你是谁，夺回属于你的一切。

那个夜晚，气势汹汹的俄克拉荷马雷霆年轻球员拼尽全力，却无力回天。韦德进入白热空间，尽显杀手本能，狂轰滥炸，气势逼人，并最终凭借毫无保留的自信、勇而无畏的担当及出色的领导力，帮助球队赢得了那届总冠军，也给自己戴上了第二枚总冠军戒指。

我自始至终没把那张纸条给他，因为根本没那个必要。

那晚，他正是在野蛮进化。

野蛮进化意味着永不满足，意味着达到一个极限后，要即刻树立新的目标。如果你已经很优秀，那就意味着在变得卓越之前，你还不能停下脚步；如果你已然卓越，那就意味着在变得无人能敌之前，你还没做到真正的自己。

成就卓越肯定比优秀要好，那代表你已经达到别人难以企及的高度。但卓越不代表你就是最好的那个。

卓越让你成为传奇，“最好”则让你成为标志。想要卓越，你要给人意外；想要最好，你得创造奇迹。

你要成为一名统治者。

我们已习惯人们把掌控者称为终极对手，你能仰仗那个家伙结束比赛、达成交易或者取得你需要的一切。他就是这样，做他该做的，收获赞誉，英雄般地凯旋。

这算什么，再提高一个级别，也完全能够臻达。只是因为那显得太过特别，大多数人做梦都不敢想。

想想迈克尔·乔丹，他就是所谓的顶级统治者。

再卓越的成就，乔丹也毫不在意，他只在意做到最好，永远都是。

统治者不只存在于体育赛场，各行各业都有。瞧瞧那些行业精英，从顶级运动员，到最富有的首席执行官，到聪明绝顶的学生，再到孔武有力的消防员，很明显，他们都是业内好手，但却并非都处于同一等级。正如 1992 年“美国梦之队”，他们个个都是天才，但终究只有那么几位，会永远被视作篮球史上最棒的球员。

乔丹为杀手本能和比赛型球员树立了典范。他先后带领芝加哥公牛队拿了六次总冠军，每次成功锁定一个冠军，他都会伸出手指计数夺冠次数，只不过总会比实际多伸出一个，意指下一个总冠军。拿到第一个总冠军时他伸了两个手指，拿到第二个时伸了三个……拿到第五个时伸了六个。刚回到更衣室，胜利的香槟还在顺着墙壁往下淌时，他已经开始跟我讲：“下个赛季，我们还得继续努力。”之后，在其准备改打棒球前的一整年，哪怕是休假期间，他还是“喋喋不休”地在我耳边念叨着棒球训练计划。这就是乔丹，从不满足，始终迫使自己不断提升。

而这就叫统治者。

拉里·伯德是统治者，帕特·莱利、菲尔·杰克逊、查尔斯·巴克利是统治者，科比、韦德都是统治者。当今篮球界，也就那么一小撮人，堪称统治者，或许你的偶像并不在其列，事实就是这么残酷。某些球员可以成为明星但终难成统治者，因为那得用夺冠说话，而且“一枚戒指”还远远不够。

在商界，以比尔·盖茨和已故的史蒂夫·乔布斯为例。很多球队的老板也都可称得上统治者，比如杰瑞·琼斯、马克·库班和杰瑞·莱因斯多夫，他们领导球队的态度同样堪称冷酷，也正是籍此那些球队才能成为全联盟的主宰。

其实各行各业都存在这样的统治者，能做到“极致”无关天分、智商或财富，只需一种潜能驱动力，然后自此绝不倒退。

回想 2012 年总决赛，韦德并非场上最有天赋的球员，但他是惟一一个知道该如何调配其他队友的领导者。那是冠军球员的职责，为了实现目标，把队友们放到最合适的位置，然后充分激发出每一个人的最佳状态。

统治者的态度可以用一句话概括：这儿由老子负责。自信满满而来，硕果累累而去。因为他有着将一切转化为自己优势的直觉与愿景。你不知道他要做什么，但能隐隐感觉到有事情要发生；你能做的惟有等待和观望，对他不假思索便能摆平一切的能力心生敬畏；你或许时常想，难道他能预知结局?

成为统治者几乎与天分毫无关联。每个人多少都有些天分，但有天分不等于有成就。成就卓越的人从不单纯依赖天分。无论是体育竞技、经营家庭、管理企业甚至驾驶大巴，统治者都能完全专注于自己的职责且承担责任。他们自有掌控一切的方式,然后竭尽全力实现目标；他们将是你这一生见过的最有干劲、最有激情的一群人。简单地完成工作？绝不，他们习惯重新定义任务。

有位服务生，他知道每位顾客爱喝什么饮料、爱吃几分熟的牛排。镇上所有人都乐于坐他服务的那几张桌子，且都会留下阔绰的小费，因为他们对这种无与伦比的服务心怀感激；有位行政助理，挣得比几个高管还多,因为那些连老板自己都没意识到的习惯,他早已了然于胸；每天出车的大巴司机，熟悉每一位乘客，知道他们从哪儿上在哪儿下，总是笑盈盈的很友善，内心却在想：这他妈的是我的大巴，车上绝不许人胡闹。于是他的车上始终都会干干净净，也绝不会晚点，谁要是和我胡搅蛮缠或捣乱，统统给我下车。

海豹突击队也是统治者。一旦锁定任务，便不惜代价地执行。他们知道必须做什么，也一定会做到。他们期盼成功，而一旦目标达成，却从不会花很长时间庆祝，因为他们知道，还有更多更重要的事要做。每次成只是通往下一个挑战的垫脚石；每击中一个目标，便意味着下一趟征服之旅的开启。他们的多数任务都是悄悄行动，完成得再漂亮也不事声张。

统治者行事不为作秀，不走过场。**真正的统治者从不告诉你他正在或将要做什么，等他完成你才知道。而当你意识到他又取得一项成就之时，他早已奔向下一个挑战**。我为何称他们为统治者？因为他们做任何事都尽心尽责。出了问题，从不责怪别人；因为他们从不倚靠别人来完成工作，收拾完残局就继续上路。

想想默默无闻工作至深夜的孤独看门人：他不求任何人的关注，没人看着他干活，没人知道他在做什么，但他却总把事情做得妥妥当当。他必须这样做，其他人才能有效地完成各自的工作。而他也以自己的方式，成为大楼里权力最大的那个人：在楼里畅行无阻，清楚所有设施的定位，知道它们如何运行；他揣有每间房门的钥匙，可以进入任何地方而不被人知；他知道别人在做些什么，包括一切脏兮兮的小秘密；谁没回家，谁夜里偷偷潜入，谁把喝光的威士忌瓶扔到桌子底下，谁把避孕套包装丢在垃圾堆里。遇上紧急状况，你会第一时间喊他。

统治者从不会是你第一个意识到的人，往往是最后一个，要等到最终已没人能处理眼下局面时，他不废话，不慌乱，也不会和你商量，事情解决了。

如果是形势所需，那统治者可能是唯一一个敢于打破规矩的人，因为他们只关心最终结果。每当事情变得糟糕，别人都开始恐慌时，统治者则始终镇定自若，冷静而坚定，不会太兴奋也不会太低落，不会高兴过头也不会萎靡不振。他从来都无视问题，只管设法解决，一旦找到办法，绝不浪费时间解释。他只会说，“我来搞定。”等他搞定一切，所有人都站在那儿目瞪口呆，想象不出他是怎么做到的。统治者的字典里从来没有失败。即便要花上 n 年时间，他也总会找到一个变害为利的办法，不达目标绝不罢休。

统治者常孤独，因为他们都独具阴暗面——那个别人无法进入的领域，而他们则从那儿获取所需的一切，也独自为此付出代价；他们永远不会停下来，无论是身体还是心理，因为他们根本没有时间去考虑自己经受过什么牺牲了多少；多数人害怕爬那么高，因为一旦失足摔下来必死无疑，而统治者情愿死而后已。他们不怕撞到天花板或重摔在地，因为在他们眼里，没有天花板，也没有地面。

统治者无法靠媒体或宣传炒出来，他们只能自我成就，想拥有什么都要靠自己赢得。他们从不为钱而工作，再艰难也不会出卖自己，一个清楚自己价值的人，会时刻提醒自己不能贬值。

较之其真正动力，金钱不过是次要因素，统治者之所以为统治者，终究是因为：他对追逐成功狂热到了上瘾的地步。为了成功他们会不断改变生活，因为任何成功，只要他们感受到、品尝过、拥有后，就成了阶段性的一刻，断然宣告结束，新的渴求开始更多。

他所做的一切都是为了过瘾，也可能他们并不享受过程，只热衷结果。我知道这个忠告你已被灌输了一辈子："爱你所做的，反正又不会让你做一辈子！"或者"爱你所做的，钱自然会来"。对有些人而言或许是这样，但对统治者这行不通。"爱"他所做的，即表明他已满足，而统治者从不会满足。他知道，要想成功，不必非要热爱手头的工作，但必须锲而不舍地追求，过程中的任何诱惑，都是对获取最终战利品的违背与干扰。如果你是运动员，那就得整日呆在体育馆训练、流汗和受伤；如果你是企业家，为企业生存你就不得不牺牲个人生活；如果你是老师，帮每一位学生完成学业，将他们顺利送入大学就是你必须要做的。

结果最重要。

当然，统治者最终还得在被自己的瘾头完全消耗和摧毁之前全身而退。统治者惯于掌控，一旦感觉那种瘾头开始反过来掌控自己，便会全身而退，直至自己能重新获得主动权。那就是为什么你见到很多处于巅峰状态的运动员、教练、CEO 以及其他斗志极端旺盛的人们功成身退的原因。再往上走，压力越大，消耗越大。于是他们退出，重新聚集能量，再度复出时，胃口通常会更大。

不过在你思忖着自己恐怕没法这样过活准备逃离之前，还有鼓舞人心的一面：你不需要也不可能在生活的方方面面都像一位统治者。你不必在任何事情上都“野蛮”，也不必在每个方面都做到最好。你没法在职业和人际关系以及其他兴趣爱好方面同时做到无人能挡，因为在当中任何一个领域追求卓越，都需要你说一句，“我对其他一切毫不在乎。”如果想要成为商界的统治者，你就没时间认真经营家庭和亲情；如果你是体坛统治者，可能就没法在商界叱咤风云；如果想扮演统治者父母，你的职业生涯就会受到影响。统治者在最大限度追求自己想要的东西的同时，也牺牲了其他的一切。多数人对此倍感压力，但统治者从来不会。

统治者不在乎“拥有一切”。你见过亿万富翁吗？屋子里数他们穿得最差。沃伦·巴菲特至今仍住在他 1958 年花 31 500 美金买来的那套房子里。真正的统治者也不追求锦衣玉食，在物质方面，他们只向最低标准看齐。最重要的是结果，而非过程中的享受。

我和精英运动员合作，必须清楚地了解对方的情况——他们心理的优势、劣势。以此，我就能推断他们能走多远，又愿意走多远。

某年休赛季的一天，环顾体育馆内二三十号球员，全明星和准全明星球员各占一半，都在打我们组织的 NBA 夏季选拔赛。现场每位球员都堪称卓越，然而每个人的激情和能力却各不相同，状态表现自然也不在同一水准。有些球员每节都会拼尽全力，另外一些却只想着能打几场比赛热热身。我对这无所谓，但我会密切关注当中的微妙差别，看某位球员对于超越他人究竟有多在意。

我们得承认：任何领域里最成功的那些人，都已拥有一定程度的傲人业绩，因此我们谈的一切都与卓越有关。但如果你想成为高手中的高手，区别往往在于细节。

因此按照个人想法，我设计了一个三级体系，在撰写本书之前，我从未与任何人分享过，即把不同类型的对手划分为三个等级——

被动者、掌控者和统治者。

优秀、卓越和无人能挡。

你可以将这些标准应用于任何群体。不妨拿你的团队、同事、朋友和家人对号入座试试。每个人对成功的定义都不同：有人愿意顺其自然；有人自有追求，只不过一旦目标实现，就觉得“够好”了；还有屈指可数的一些人根本无法定义，因为他们会不断拔高成功的定义。被动者、掌控者、统治者。你会发现，多数人属于被动者，一小部分属于掌控者，或许，只是或许，一群人里能有一位统治者。但即便有，也得等到他第一次行动时你才能意识到，但自此你就会记住他，永远记住。

被动者为人谨慎，要等别人告诉他做什么，看其他人在怎么做，然后才跟着照做。他是中立者而非决策者，不到万不得已不轻易站队。事情进展顺利时，能承受一定的压力，一旦情势吃紧，就会将问题抛给他人。他偶尔能起大作用，但从根本上说不会对结果负责。他可以用来布局，让形势保持平稳，直到掌控者或统治者前来接管。

掌控者能承受很多压力，如果你在合适的时机将他派上场并明确告诉他该怎么做，他能出色完成任务。他会事先研究各种可能性，因而他能预测到将会发生的情形，然而一旦面对出乎自己预料的场面，便会感到不适。他寻求关注和信任，十分在意别人的做法和看法。他酷爱用自己的名声赚来的奖赏和特别待遇，较之赢得比赛或取得成功，他宁可选择拿到丰厚的报酬。

统治者则很难让人理解，而他却很喜欢那种感觉。

以下便是我想表达的意思：

- 被动者能打出一场精彩的比赛；
- 掌控者能打出一个令人叹服的赛季；
- 统治者能够拥有一个无与伦比的职业生涯。

- 被动者被动者手指骨折之后，会等着队医告诉自己什么时候可以上场；
- 掌控者手指骨折之后，会去看医生，然后自己决定什么时候上场；
- 统治者手指骨折之后，会在队医告诉自己不能再上场之前把手指砍掉。

- 被动者对比赛感到焦虑，努力想让自己表现得令人满意；
- 掌控者研究比赛并，根据对手制订攻击计划；
- 统治者让比赛研究自己，他们不在乎对手是谁，反正自己只要赢就可以了。

- 被动者逃避投决胜球；
- 掌控者选择在有极大把握时投决胜球；
- 统治者完全相信自己的直觉和技术。如果这次投丢了，再投下一次。

- 被动者不会自告奋勇地去扮演自己不适应的角色；
- 如果他们有足够的准备时间 掌控者会扮演你要求他们扮演的角色并且出色地完成任务；
- 统治者在别人要求之前已经把该做和不该做的都做了。

- 被动者让别人评价自己是否成功，他们完成任务，然后等着看你是否满意；
- 掌控者一完成任务后就感到心满意足；
- 统治者总是觉得自己做得还不够。

- 被动者不愿带队，不过当你出色完成任务时，他们会是第一个拍你肩膀表示祝贺的人；
- 掌控者要的就是别人的信任和事成之后得到别人的夸赞；
- 统治者从来不祝贺你，他们一开始就希望你去那样做而已。

- 被动者渴望聚光灯，不过得到之后，又表现得手足无措，最后不得不又回到无人问津的角落；
- 掌控者总是站在最前面，好让别人知道这儿到底谁是老大；

- 统治者根本不需要去证明谁是老大，因为大家都知道。

- 被动者是群吃货，给他们什么他们就吃什么；
- 掌控者会选择自己吃什么，然后享受一顿美味大餐；
- 统治者对吃什么毫不在乎，反正一个小时之后他们又会感到饥饿。

给掌控者合适的机会他就能赢得比赛，而统治者习惯自己创造机会。掌控者能成为明星，而统治者只专注于追求自己的目标。统治者从不需要别人的鼓励，其他人个个需要。

这就是优秀、卓越和无人能挡的区别。

那么你是统治者吗？我认识太多统治者了，他们中几乎每一个人都糅合了下列特质。你无需认同每一条，但我确信，你肯定在某些时候遇到过这样的人。有些令你感觉兴奋，有些则让你感觉不快，但他们都能够向你展示，什么叫野蛮进化。

总共有 13 条，提醒你世上没有所谓运气一说，只有形势和结果。如果你想，你就能掌控两者。**但如果你坚持依靠运气，那就像伟大的威尔特·张伯伦那样，相信 13 号球衣不会给自己带来不吉利，而只会给对手带去不幸。**

那就是统治者思维。

如你所见，以下每一条都以“1”开头。因为如果你编上序号，人们往往会认为“1”是最重要的一条，而之后各条的重要程度递减；而且如果清单很长，看完 3 或 4 之后，你就再无兴趣往下看。但我列出的这些法则，每条同等重要。如果我给某位球员一份清单，只要他跳过其中的任何一步，剩下的便全无作用。

本书也一样。你可以按任何顺序浏览这些章节，你会发现，最后一章和最初一章同样重要。

野蛮进化 13 法则：

1. 别人心满意足时，你把自己逼得更紧。

2. 你进入“状态”，将一切变不可控变为可控。

3. 你清楚自己是谁。

4. 利用你的阴暗面：抛开对错，只论结果。

5. 你不惧怕压力，懂得在压力中成长。

6. “紧急情况”一来，所有人在都在找你。

7. 你不和任何人竞争，而一旦发现对手的弱点就会进攻。

8. 你只做决定，不提建议；别人还在提问时，你已经有了答案。

9. 你无需热爱所做的工作，但对追逐结果上瘾。

10. 和被喜爱相比，你宁愿被害怕。

11. 你信赖的人寥寥无几，但如果一个人赢得了你的信任，就最好别让你失望。

12. 你不知道什么叫失败，只知道达到目的方法不只一个。

13. 因为想要的还有很多很多，所以你从不为某一次胜利而庆祝。

倘若这份清单能让你点头思量，“看来不只我这么想”，那么你已经在向统治者的方向靠近了。在接下去的章节中，我会对每一条统治者的特质都进行更为深入的分析。

不过我也知道，你或许会想，为什么要这么做？有什么好处？永不满足、激情四射、渴望成功、欲罢不能？为什么要鼓励人们追求不安与孤独？为什么人要逼迫自己更极端、更有压力？

因为回报实在是他妈的不得了。

如果能拥有上述全部特质，你就能取得极少数人才能理解和企及的成就。

我不会要求你朝自己做不到或不想做的方向转型，只想让你打开思路，利用自己已有的一切做出更多的努力。如果你真想朝着自己从未达到过的目标前进，逼自己走得超越他人，超越自己，那么是时候了，相信你内心的呼声，你知道你能做到——为梦想野蛮进化。

第二章

受够了？你要把自己逼得更紧

被动者练到筋疲力尽
掌控者练到呕吐为止
统治者吐完之后训练继续

当你和成就非凡、知名度极高的人合作时，记住下面这句话：

夸夸其谈的人常常一无所知，无所不知的人往往沉默寡言。

我从不夸夸其谈。

我的客户厌倦了曝光率，他们必须确信，我们安排的私下训练不受任何外界干扰。得不到他们充分的信任，一切都没法开展。

为此，外界完全不知道我们的球馆和其他任何训练场里发生了什么，没人知道我们是如何让球员如虎添翼。

不过，假如你愿意走进那个以成败论英雄的世界，我也愿意讲一讲：在过去的 20 多年里，我从一起共事的卓越运动员身上学到了什么，教会了他们什么，以及如何与他们配合。

我希望你能理解我介绍的这一切，并将它用作一个实现自我的方案。你无需担心自己得像职业运动员一样训练。那是全职工作，假如有人说你读完一本书便能“练得像个专业运动员”，那他肯定是个只想卖书的大忽悠。

但是，本书或许是个很好的起点。实话实说，要想练得像个专业运动员，只能通过超强度训练，每时每刻，都必须持续不断地锻炼体能和技巧，充分准备，不给失败留任何机会。这可不是你上班、上学前，抽空练上 30 分钟就能做到的。

但你可以借鉴伟大运动员的心态和意识，帮助自己在职业领域里实现飞跃。本书描述的一切，既可以被用到运动员身上，也适合商业领域或者你从事的其他任何职业。

因为不管你要什么，实现内心的抱负最根本的力量源自思想而非身体。

在体育圈，我们习惯把所有的时间用在训练和对抗上，为了把身体练得更快更强，最后，我们才开始抽时间对心理素质方面稍微关注一下。那完全是本末倒置。因为身体优势可以让你变得卓越，但唯有心理优势才最终能让你变得无人能敌。

追求卓越，不仅意味着泡在健身房练一身汗，那是最基本的，体能只能帮到你这里。心理训练才是想在任何领域做到出类拔萃的前提。

让思想引导你的身体。

人人都能测量体重、身高、体能、速度……但你永远无法测量承诺、毅力以及蕴藏在你心胸中的能量。衡量一个人的真正标准，恰恰是那些看上去无法衡量的因素。

明白你要实现的目标，清楚你愿意为此经受种种煎熬，你的训练才算真正开始。

我要的是愿意和我一样全力拼搏的家伙。在追求卓越的过程中我会“野蛮”，希望你也是如此。我用名誉捍卫我们合作训练的效果，而你也要对得起球衣上自己的大名。记住，最终受益的是你。

如果你非要问自己能否应付得了，答案是：你不能。

准时到场；努力训练；绝对服从。

能做到这三点，我就能帮你。做不到，那我们就别浪费时间了。我会竭尽全力为你制造各种可能，但对你有利的事情，干得最起劲的必须是你自己。用行动告诉我你想我帮你训练，我才会考虑。

按照我的方法训练，不是不尊重你球队的训练师、教练或按摩师，只是如果他们能解决问题，你就不会来找我了。我们的训练计划，或许只有20%关乎体能，余下全是精神层面的内容。你的才能早就在那儿，我的任务是教你如何利用自身的潜能，将自己从中完全释放出来，不受任何羁绊。你可能会不喜欢我的某些要求，但如果能坚持照做，终会获得回报。

我帮许多原本连200万年薪都拿不到的球员身价翻涨十倍，因为他们参加了我的训练，并且坚持了下来，而对他们的球队而言，也同样意义非凡。假如你跟我训练，其他人就知道，你是来真的了。

假如你是职业运动员，那就意味着你在经营你的职业生涯，而我们也将共同努力实现这个目标。我不会替你设计如何出名，因为身体才是你的事业，忘了？我提醒你。专业的合作关系能让我们都感觉满意。我见过许多训练师，成天想的就是和球员打成一片，哄他们开心，因为他们害怕失去这些大名鼎鼎的客户，球员说“够了”，他们连声都不敢吭。我不需要和你做朋友，你已经有一堆对你阿谀奉承的朋友，而我们的合作是职业的，而非个人的。如果最终我们成了朋友，当然好，但对我来说，最重要的是为你的职业生涯和未来负责。

有些球员喜欢参与我们训练计划的细节制订，乔丹是，科比也一样。“嗨，每次左脚起跳时，我的膝盖都会疼。”科比会说，于是我会回过头去重新研究他的步伐："什么时候开始有疼痛感的，在比赛的哪个阶段？"然后我会跑去看录像，重放他的所有动作，查找任何有可能影响他左膝的因素。过一遍之前所有的训练内容，会不会是我们的训练内容引发的结果，某些部分训练项目强度过大？我会对他说，"还记得那场对犹他爵士的比赛吗？比赛中……"他会立即明白我的意思，然后我们一起回顾比赛，直到最后我能十分肯定地告诉他，"我想你这膝盖的问题应该是从那会儿开始的，现在我们这么办……"

所以，我乐于听取你的建议和想法，然而一旦合作开始，你必须听从我的安排，没有选择。面临多重选择时，绝少人会选最艰苦的那个。你想训练九十分钟还是半个小时？多数人会选择后者。来吧，强度太大我们可以减轻点。在我这，想都别想。想的工作就交给我吧，我会替你把家庭作业做好，并且给你期末考试的答案，尽量让你的生活变得轻松点。而你只管训练就好。

一心训练。每天你都必须做些你不想做的事情。是的，每天。挑战极限，克服懒散和恐惧，否则，第二天你就会有两件自己不想做的事情，之后就是三件、四件、五件，很快，你连第一件事也做不了了。那时，你能做的就只是为自己制造的麻烦而自责，这下除了身体障碍之外，你又多了一个心理障碍。

对于我训练的那些家伙来说，我就是他们的心理障碍。而无论你是保险推销员还是房地产中介，抑或是学生，总之你必须去行动，否则就别想提升，做到最好。其实你也清楚，自己离所谓的野蛮进化还远着呢。

统治者先挑最难的做，尽管很多事不喜欢，更谈不上热爱，但想着最终目标，一路的坎坷算什么。无需提醒第二遍，他们就会竭尽全力，因为他们知道必须如此。常常是，别人已经筋疲力尽地倒下时，他们会推翻一切从头来过，然后告诉你，这次的结果比上次好。

当然，多数成就非凡的人不习惯听别人指指点点。是的，我知道球队不会逼你做事，那正是问题所在。你不准时到场或者拒绝服从，他们不会一脚把你踹出去，可我会。泡热水、泡冷水、各式疗法、练到深夜……一旦我们开始合作，那就由不得你。跟我的工作人员要大牌，拒绝进冷水池，我会告诉你，“给我滚进去。”除非过去 24 小时里在你身上发生了某些我不知道的戏剧性变化，比如新长出了三头六臂，并且你能说服我，否则你得乖乖地照做。

没错，我知道这让你不舒服，也没叫你爱上它。你要做的只是竭力追求结果而无视痛苦的过程。我也从不让自己过得舒服，假如这样说会让你舒服点的话。

我能让卓越的运动员轻松愉快地保持身材和健康，但让已然十分优秀的人变得更加优秀，就没那么容易了。乔丹、科比、韦德，包括我带过的名人堂球星，哈基姆·奥拉朱旺、查尔斯·巴克利、斯科蒂·皮蓬以及其他许多球员之所以来找我，是因为不满足于自己目前的水准，决心忍受伤痛和不适，将自己打造到近乎完美。他们知道我会一直给他们加码，直至超越目标。

如果你的训练对象资质平平，自我期望有限，那随便怎么训练都能让对方有所提升。这种事谁都做得到。然而，当你的训练对象早已是业界佼佼者，提升的空间微乎其微时，要做的事就多了。查找每一个细节，综合考虑多种变数，考虑该从何处着手，将所有优势都挖掘到极致。最开始，我只训练乔丹，后来又增加了几名公牛队友。后来乔丹曾说，“我付你钱，不是让你训练我，而是叫你别训练其他人。”

听起来有点恭维，但也是事实：假如你不愿努力，干等别人帮你实现梦想，那再神的专家、教练也不能助你提升。一切取决于你自身。

就像我要告诉你不是别的球员是怎么训练的，而是想让你明白，你自己应该做什么。

你若想在任一方面取得成功，最基本的要求就是：适应让你感到不适的东西。

每次感觉自己没辙的时候，咬着牙去做，即便是跑最后一里、拼最后一个回合、打最后五分钟比赛。你必须像打第一场球那样玩命地打赛季的最后一场。当体力逐渐耗尽，身体开始娘娘腔一样尖叫，“皇上，臣妾做不到啊”时，你反而得更加卖命，告诉自己，“接着干，不许停！”

你要控制自己的身体，而非身体控制你。屏退恐惧、情绪和压力靠你自己，做自己害怕的事也靠你自己。凡事不该只走过场，望着时间流逝殆尽。干一行，就得沉下心来，不断逼迫自己，超越自己。

这不是有着震撼声效的好莱坞大片或球鞋广告。没有戏剧性场景，也没有梦幻般的结局。如果你要的是一个讲述训练师如何将一个落魄的家伙练成富人，结局温暖失真的动人故事，那就直接去看部《洛奇》(*Rocky*) 之类的电影吧。这是现实，倘若你在我的某个训练环节当中昏倒了，我不会跑去对你表示同情或鼓励，哄你重新站起身。只会确认一下你仍有呼吸，然后任你躺在那里。等你苏醒过来，把吐的东西清理干净，再来找我，继续训练。

我们总得回到训练。

我总在不停地设计新方法，推动对方，强其心志，壮其体魄。我的目标是要让他们参与我极具挑战性的训练之后，能够得心应手地应付球场上的一切情形。想在别人慌乱无措，投来求援的目光时，你已成竹在胸，必须有备无患。我给你的项目，强度远远高于你在比赛中遇到的状况，想有什么用，心无旁骛地进入训练状态才是正题。

告诉我你的极限在哪儿，我就会告诉你还有多大的提升空间。

问题是，极限究竟是什么？科比在一场全明星赛中被人打破鼻子，撞成轻微脑震荡，但仍坚持在下一场湖人的比赛中上场。为什么？因为他必须知道自己的身体究竟能承受多大的创伤，在那种情况下自己还能有怎样的表现。极少人知道自己真正能够成就多少，想要探究答案的人则更是少之又少。

我能在不损害你的身体的前提下助你突破极限。你还能走多远，想走多远？遵循我的要求，别想着今晚还要做什么，全神贯注，冲击目标。

训练时，我会全神贯注地观察运动员的一切表现：面部表情、心率、出汗量、哪条腿在抖，任何一处细节。而后收集所有信息，对每一条信息进行处理分析，最后决定：能不能把这项指标再往上提一提？这样的话，他的训练量就得翻倍，所以他必须得自愿配合。

很多时候，我的工作都是帮运动员从严重的伤病中恢复过来。这时我会说，当我把他送回赛场，你必须变得更强，因为如果还是受伤前的那个状态，伤病会很容易复发。因此我让他加量训练，逼他比以往任何时候都刻苦。

但内心的恐惧是最大的障碍，常常是训练一开始，这些家伙就不敢做动作。生来头一次，他们没法仰仗体能控制自己的动作，而是一味地担心自己的身体。恢复的最大障碍之一，就是不敢也不想做动作。身为运动员，不想做动作，就意味着丧失了欲望和斗志。还记得年少时，即便受了伤你还是会拼命使出浑身解数打比赛吗？因为受伤很可能就意味没法再在场上表现自己。你会在伤口上抹点泥巴灰尘，重返赛场。职业运动员可不一样，只有他们自己知道自己是否准备好了。我不在乎 X 光或核磁共振结果，如果内心还没准备好，那他就还没准备好。

回到最基本的训练，慢慢走动，活动肩膀，循序渐进。小幅度的动作帮你重建信心，最终积累出巨大的改变。渐渐地，我们就离困境远了一点，再多努力一把，持续前进。

这个过程不会很舒服。为什么我要让你舒服？舒服的确也能让你优秀，但我们追求的是无人能敌，那是要付出代价的。我不会让你受伤，但如果你不信任我，不愿让我把你放在该放的位置，我们就没法实现共同目标。我不会一下子将你置于一个你无法掌控的境地，但你终有一天要适应那样的训练意境。以你自己的步调进入状态，那可就遥遥无期了。

人们总是问我，取得成功的秘密和诀窍何在？假如回答让你失望，我很抱歉：没有秘密，也没有诀窍。要有也是相反：无论你是职业运动员还是商人、卡车司机或学生，都很简单。先问问自己目前所处和日后想要达到的水准，然后制订计划，付诸行动，实现目标。

没有捷径。你每天花 5 分钟，或者每周花 20 分钟能完成的训练，别跟我说，那完全是扯淡。那些所谓的训练是给“沙发土豆”们减肥用的。假如你是个 300 磅（约 136 千克）的家伙且从不运动，只是从每晚要吃掉两袋薯片，喝一升苏打水，减至每晚一袋薯片一罐苏打水，或许你也能减点体重，但那不是健身。“让你轻轻松松瘦到死！”的广告词也纯粹是胡说八道。

任何能和轻松、舒适沾上边的训练都不是真正的训练，那是对训练的侮辱。

这是你自己的人生，怎能不付出？我所说的，不仅是运动员，对于任何渴望并在乎成功的人也同样适用。

想象一下，一个业绩斐然的超级成功人士，因管不住自己的嘴而体重超标百来磅，还沾沾自喜于当个不健康的千万富豪？人们崇拜他，敬重他，可他太肥，以至于享受不了和谐的性爱，参与不了其他的体育活动，当然他也可以毫不费劲地找一帮所谓的朋友帮他花钱。但那样的话，他赚再多的钱，意义又在哪里？

人们拒绝训练或控制饮食，因为那让他们感到不适。但拖着一身赘肉，带着一堆由此引发的毛病又能舒服到哪儿去？背痛、关节炎、胸闷气短、糖尿病、心脏病……我估计 85% 的身体不适源于肥胖。给我个解释：假如你能在因肥胖或疾病而导致的不适，和每周三次在体育馆训练流汗而感觉到的不适之间做个选择，为何有这么多人会选择可能前者？

我总会接到许多需要减肥的家伙的电话。他们看遍了全球所有的营养学家和膳食学家，却仍在成袋成袋地吃垃圾食品。但如果你跟我做那些不得不做的事，那就能在几周内把体重降下来。2012 年，为了能让埃迪·库里签下热火队，我们帮他减了 100 来磅，我们自然也能帮你减掉你想要减的那 30 磅。但前提是，你愿意那样做。

去年我接到一个棒球经纪人的电话，他为一名投手而来。那家伙要在春训前减掉40磅。就在他要开始参加我设计好的训练的前一天，他突然决定自己减肥。我问他，你确定？要减掉40磅不容易，尤其你这40磅是因多年的不良饮食和训练习惯所致。他不这么想，坚持要自己减，那是他的决定。“祝他好运，”我对那位经纪说，“8个月后他就参加不了比赛了。”

那次我猜错了，4个月后他就落选了。

假如你找我帮你减肥，在开始之前，好好吃上一顿吧！你只有5周时间恢复体型，从迈入大门那一刻起我们就开始。只要你不欺瞒，不从朋友的餐盘里扫薯片或在你表兄弟的婚礼上偷灌啤酒，只消3周你就能减掉20磅。我会让你进餐，给你一份清单，注明哪些能吃哪些不能吃。我会派人替你配餐，坐在你妻子或母亲身边，给你解释每天你要喝下的那两加仑橙汁里含多少糖分。

你必须遵守这些规则。

相信我，假如你真想知道某些人的体型是如何练成的，就看看他们是如何戒糖的。这不是“低卡减肥法”或阿特金斯节食法，我们说的是无糖饮食。因为多数人对食物中的含糖量没有概念，所以我会给他们一份书面指南，告诉他们哪些能吃哪些不能吃。当中含有这样一条警告：感觉头部眼睛背后开始生疼并且想要呕吐？那就说明训练起作用了。最初两天，他们会浑身抽搐，忽冷忽热地冒汗，放臭屁，嗓子冒烟，而后开始发抖，那种发抖的情形只有吸海洛因和可卡因成瘾的人才能理解。我会花十天时间将你体内的每一盎司糖分排出。恐怖的头两天过去之后，你会感觉舒服些。如果使诈，逃不过那些训练师的眼睛。他们个个都经受过，因此很清楚那种感觉。

戒糖期间的某些家伙会跑到我的训练馆来，问他的感受。

他会说，“不错，还不错。”

“嗯，好吧。”

第二天再问他：“感觉如何？”

“感觉很好，没问题。”他说。

第三天继续问：“照我说的在节食吧？感觉还好吧？”

“没错，一切顺利。”

好吧，你这个该死的骗子。想要捣乱，一边儿去。

我知道这不容易，但呆在舒适区里还幻想得到好结果，做梦！挑战你自己，不要害怕面对不适。

一心想要舒服的人，谁也帮不了。

我喜欢那些对结果充满渴望的家伙，他们吵着让我增加训练强度。假如他们还不具备条件，我会说不行，但比起为赶拍杂志封面或参加球鞋商业活动而逃避训练的球员，这帮溜进训练馆偷偷加练的家伙实在是太可爱了。

2007 年，德怀恩做完膝部手术，准备重返赛场之前，在举重房照我的要求训练。每位刚从踝关节、膝盖或髋部手术中恢复过来的球员都必须玩我制订的这项目：站在一个 48 英寸高的圆柱上往下跳，然后再跳上另一个同样高的圆柱。这些对人的身体和心理来说都不容易。借此我能了解到，他的身体能否承受那种压力，更重要的是，可以了解他是否已完全信任他的身体，抑或是还在怀疑自己做这套动作的能力。所以，关键不在于往上跳的身体挑战，而在于克服往下跳的那种心理恐惧。

德怀恩就这样一直练着，周围还有很多别的球员。几天后，训练师们向我反映，其他球员都在偷练那套动作，看自己能否做到像德怀恩那样。那些家伙讨厌跳跃训练，但他们必须知道自己是否够格。

对统治者来说，他们身上没有“停止按钮”，始终处于“运行状态”。

帮他们从伤病或手术中恢复时，帮他们制定一套详尽的调整和复出计划，允许他们上场打球是最后一项。而要从这群一直球不离手的家伙手中夺走球，你知道有多难。

有一个完美的案例：伟大的查尔斯·巴克利。他或许是我见过的最具运动天赋的人，他在任何一个专业角度看都称得上是统治者。查尔斯做完膝部手术之后跟我训练，但当我要求他在膝部固定支具取下之前不能上场打球时，他明显很不开心，死死地盯着我，问我要了个球。然后站到篮下，用未受伤的那条腿单腿起跳扣了十个篮。

扣篮，10个，单腿。

另一只脚上的球鞋丝毫没碰到地板。

我要的就是这类了不起的家伙，愿意冒险，愿意逼迫自己。

和你完整描述一下球员头三天的训练过程：

第一天，他会准时到场，信心满满，我会让他感觉像从来没训练过一样；

第二天，起床后，他感觉身体多处酸痛难当，有些部位之前他甚至都没注意过。于是逃避训练的念头油然而生。幸好这还只是第二天，还只是上身感觉酸痛，于是，他通常还能到场参加更多的训练；

第三天，完成全身训练，他身上的肌肉因乳酸作用开始生疼，我已经了解一切，过去两天的训练会让他陷入彻底的痛苦。

48 小时，那就是第一道坎儿，假如他能顶着痛苦和体力透支坚持到场，我们就接着练。假如他说“我受不了了”，那他就来错了地方。外面有大把的训练师能满足他的训练需求，不是我。

要么先苦后甜，要么换个地方玩儿去。

进入白热空间

被动者会在赛前点燃所有人的情绪

掌控者会先点燃自己的情绪

统治者没有情绪，始终冷静，直至比赛结束

四下寂静，一片漆黑，独自一人。即便身处喧嚣，全场粉丝将你团团围住尖叫你的名字，你始终像是孑身一人。孤独的思想，孤独地与别人感知不到的嘈杂声相伴。不受任何外部干扰，毫不分心。此刻，你只感觉到自己的存在。不为人知的渴望在你内心燃烧，逼迫着你，驱使着你……上吧！上吧！你能听到自己的心跳，控制每一个节奏。有人在不停地对你说，但你听不见也不想听见。深夜，会有媒体、同事或家人说你是个忘恩负义的混蛋，粗鲁无礼，不可理喻。他们没法理解，你也毫不介意。“你就活在你的小世界里吧，”他们说。

是的，没错，滚吧。让我一个人呆着。让我一个人呆着。

你进入了白热空间。

你知道身边的人心态起了微妙变化。他们或恐惧，或嫉妒，或激动，又或者太茫然以至于没法理解眼前发生的一切。而你却感觉成竹在胸，毫无情感波动，因为一旦进入白热空间，惟一的感觉就是愤怒，一种渗透在你灵魂深处的平静而冰冷的愤怒。不狂躁，不失控，静静地，仿佛一片黑压压的暴风雨缓缓袭来。而等到狂风暴雨肆虐，其威力才开始显现，见识到其真正的力量，人们也只能任它肆意前行。

那就是统治者进入白热空间后的威力。

你的所有感觉，全部能量，都潜藏在深处。外表波澜不惊，没人看得出即将发生什么。把闹剧和嘈杂留给别人，那不属于你。你需要积蓄全部能量来应对未来的挑战。

一旦你进入白热空间，一切就绪，接下去全是你的时间。

我们为自身的职业和技能所付出的一切，无论是上学、创业、挣钱还是健身，最终决定你成功与否的，归根结底还是精神的聚焦和专注，以及掌控周边环境和他人情感的能力。

想想看，你的两条腿共有 52 块骨头，38 条肌肉和肌腱，66 个关节以及 214 根韧带。而在你身体的另一端，则是一个重量极轻的大脑在头部漂浮。你能搞懂几乎所有骨头、关节、韧带、肌肉、肌腱的复杂功能，以及它们如何让你做出你想要做的动作。但你没法搞懂大脑的精妙结构，包括它为何能让你做出你想要做的动作。

任何体会过白热空间神奇力量的人都会告诉你，那是一种极度的沉静。这不是瑜伽，不只是放松或平静，而是全神贯注。一旦进入那种状态，你便无所惧、无所忧、无所感。做你该做的事，没有任何东西能够动摇你。究竟是什么将你带入那个令人难以捉摸的空间，让你变得无所畏惧、无比强大、自信非凡、随心所欲？你又是如何找到那种人们时常谈及却总又难以描述的完美的内心沉静？

每个人身上都有一个触发点，能将我们带入那种白热空间。我确信这一点。它会让我们在攻击和征服面前瞬间觉醒，剩下的只有专注和对结果的渴望。

每个人的情况各不相同，没人能告诉你如何找到那种状态。但我还是能告诉你：它直接源于你内心被称为“阴暗面”的那部分，我们将会在接下去几页谈到。当你最终能够释放自我，做回真实的自己，你就能进入白热空间。只有到那时，你才能控制自己的恐惧和情绪。

缺乏深层次的本能，就好比想要点燃一个燃油耗尽的打火机，火星四溅却始终燃不起火焰。

我的工作之一就是帮你找到燃油燃起火焰。我知道它就在那里，也知道按哪个按钮会引发爆炸，但我不想成为那个按按钮的人。我要你亲自去按，这样你才知道如何亲手引爆能量。因此我会悉数列举那些按钮，告诉你它们在哪儿，一旦你准备就绪就亲手将它们按下。别把那份掌控权赋予我或者其他人，一旦你让别人替你做主，赢的就是他们。白热空间只属于你自己，只有你才能决定在何时采用何种办法将能量点燃。

但无论采用哪种方法，我们都得将火点燃。我会提到某位球员的做法，把那个按钮展现给你；也会重复某位教练的话，那就又是一个等你去按的按钮。当你打出一场令人难以置信的好球，我会问你昨晚练了什么,因为下一场比赛之前你要重复那项训练。又或者我会告诉你，我打算去酒店替你打包行李，因为拿出那样的表现，你就等着被扫地出门吧；我会找人在训练时挑衅你，然后“砰”，那就是你按下的钮。按钮还有很多，而接下去的一小时，你将无人能挡。

一旦你进入白热空间，或许就再也想不起自己是如何进入这种状态的，也想不起自己刚到场那会儿发生了什么。对某些人而言，这是对他们男子气概和能力的考验；对另一些人而言，则是他们天赋的展现；当然也有一些人，所谓比赛就是一场身体对抗。我只是不停地把按钮输送给你，直到你储备好充足的弹药，等着看你会按下哪个按钮，将自己升入某种境界。只要你将能把你点燃的东西展示给我，我就会确保你始终处在燃烧状态。

其实极少时候能真正看着某个人进入白热空间，那通常是悄然发生的。但偶尔那种时刻也会在世人瞩目的情况下突然上演。2012 年奥运会期间，美国队对阵澳大利亚队，科比在上半场的表现差得让人大跌眼镜。那种情况常常会有，球员脑子想着其他事，就是不来劲，无论如何也没法专注比赛。多数家伙带着这种状态进入比赛，结束时比开始时的状态还糟。但伟大的球员能意识到自己需要逆转局势，而那也正是科比所做的，仅一分多钟，就贡献了 4 个三分球，带领美国队以 119 比 86 取胜。“想办法激起黑曼巴，”他赛后说，他用自己的方法进入了白热空间。

迈克尔·乔丹是我惟一所知的能在每场比赛都完全处于白热空间的球员，永远的统治者。即便在有些比赛中一时半会儿找不到状态，最终他还能找回感觉。我记得公牛取得 72 胜那个赛季，某个夜晚，长途奔波令球员们个个都疲惫不堪。那场球，公牛队罕见地处于下风，迈克尔打到第四节才得了 10 分。灰熊队的德里克·马丁开始对迈克尔出言不逊。

永远不要挑战迈克尔·乔丹，更别想从他那里占到一点儿便宜。迈克尔径自站在球场上，盯着对方，摇摇头心里道，“别惹麻烦。”但内心的阴暗面却说，“宰了这个狗娘养的，”他立即调整至攻击模式，直接进入白热空间。结果是：他无人能挡，一场令人震惊的持续厮杀瞬间上演，仅第四节就砍下19分，带领公牛直取比赛，而德里克·马丁只能在板凳席上陪着饮水机熬过那段垃圾时间。

迈克尔从不会失落，也不流露情感。偶尔他也用积极的表达方式，比如那年季后赛对波特兰开拓者的比赛中，赛程未半便投中6个三分，随后他做出了那个无奈的耸肩动作“我也没办法”；再比如那场对犹他爵士的比赛中上演传奇的“上帝之手”。

他始终积极乐观，挑逗着球队、球迷和其他所有人的情绪，让大家兴奋，令所有人确信，一切尽在他的掌控。有任何消极情绪，也从不流露。

那就是统治者。

假如你看到部队指挥官临阵退缩，或者作为职员看到老板情绪失常，这对其他人而言意味着什么？只有当他认为唯有如此才能驱动别人尽职尽责时，统治者才会流露情绪，但绝不是因此失去半点控制情绪的能力。

比赛前，我不希望看到球员们跳舞、握手、互相尖叫闹成一团。那对球迷和摄像机来说算是福利，但那些情绪会把你带入一种人为的赛前亢奋，让你无法专注于自己的使命。那阵疯狂过后会发生什么？一切结束。人回到场边，商业广告上演，士气松懈，状态低迷。

看看那些真正的领袖：比赛时间，科比上场的架势就像是CEO步入股东大会现场。和几个人握握手，向球员和裁判招呼致意，然后言归正传；迈克尔不喜欢在赛前和其他人有身体接触，只会和队友们顶个拳或轻轻击下掌，手从不举得过高，始终低调内敛，更从不与人有眼神交流。介绍完球员，他会穿梭在队友中间，把每个人都安顿好，仿佛一位父亲呵护着自己的孩子们，趁机声明："别担心，有我呢。"

统治者绝不会站在场边挥舞毛巾，只会独自静坐在角落，全神贯注，心如止水。而在所有人都心浮气躁头脑发热的关键时刻，他正是那个用实际行动告诉大家保持冷静的人。

不管比赛中发生什么，只要他一上场，就会完全进入状态，没有任何东西能干扰他。对多数人而言，太多乱七八糟的事情能触动他们，只要情势不妙，他们看上去就像要死在那儿一样。从离开家或者酒店房间，去赛场到深夜返回，迈克尔每分每秒都处在白热空间。但只有在球场上，他才是真正的迈克尔。赛后他会先回训练师的房间，那里不允许记者进入，而后他会穿戴整齐，从那个刚打完比赛的迈克尔切换到那个众人心目中的那个迈克尔·乔丹。

多数人做不到那一点，也不想那么做。从某种程度上说，它会摧残你，逼你时刻处于精神极度紧绷状态，让你永远孤独，永远置你于他人难以企及的地方。最终，你不得不喘口气，推倒那堵密不透风的墙，逃离白热空间。而一旦你逃离，便再难以进入。

当你发现某些人脱离白热空间，那就好比灯光忽然熄灭。你会看着这个家伙由无敌银背大猩猩瞬间变成波斯猫。因为他已丧失信心、忘了自己是谁。吉尔伯特·阿里纳斯便是如此，一次，他做完膝部手术后我帮他训练，他是一个很棒的家伙，比赛状态好的时候，完全是个杀手：你可以要求他砍 25 分，要他狂轰滥炸，但凡受命，他都能完成。一点都不复杂，只需激发他的本能。

他会奚落你，践踏你，完全摧毁你。那时的他几乎已成为早期迈克尔·乔丹的翻版，轻松让你束手就擒。但最终我还是看着吉尔伯特开始走下坡路，场上的他个性变了，似乎早已忘了该如何卡住对手的喉咙。周边的人也不知该如何应对这位就此陨落的一代球星。

一个卓越的球员找不着状态、无法唤醒杀手本能，这种情况多得超乎你的想象。这通常是因为某些东西干扰了他生活中的阴暗面，比如丑闻缠身。而当它被公之于众，就显然是分散他的集中精力。如果想恢复状态，唯一的办法就是：**被现实惊醒，然后对所发生的一切毫无歉意，对他人的想法或事态的发展毫不在乎。从此好比行尸走肉，再没东西可输，变成一个你能想象到的最危险的肉食动物。**

你可以成天提醒对方，“放松心态，专注比赛。”说这有意义吗？你没给他任何实际可用的帮助。他需要有人告诉他：“你错了！这是你在场上的动作轨迹，看上去很紧。你明显压力很大。目光迷离，没盯着对手，躁动不安，狂抓自己的球裤。你在怀疑自己，却让别人得逞，给别人轻视你的机会。”

别想太多。

当你成为一名进入白热空间的统治者，你的行动将不受任何多余的情绪、噪音干扰。无需告诉任何人将要发生什么，该发生的就会发生。

最后，你甚至都不记得它是怎么发生的，但它确实发生了。

正如科比所言，你知道自己处于白热空间，但不能去想，因为想的时候你已经在分心了。任何行动都有目的，而当你确认其目的所在，还有必要花时间伤神吗？不妨环顾四周，看哪些人做到了哪些人没有。

在任何一支球队、一家公司、一个组织，总会有那么一些只为拿薪水干活的人，也总会有人知道自己究竟该干什么。就好比一次复杂的军事行动，一切都有因有果。

统治者纯粹因渴望结果而行动，因为他知道自己必须付诸行动，否则唯有失败，别无他途。

球员们总是问我，站在罚球线上的时候应该想什么，让他们忘却压力，与人群、噪音和一切干扰的东西彻底隔绝。

我会说："我没法给你现成的建议，但那一定是存在于你内心并对你有一定意义的东西。不过最理想的是——什么都不想。"

真正进入白热空间，就只剩下你自己、篮球和篮筐，仿佛只有你一人在操场、后院或训练场。告诉自己，"只不过是罚两个篮，又不是世界末日。"但如果你非得想点什么，那就想点积极的，想想你的孩子或者能让你身心放松和愉悦的事情。

你有很多种方法来掌控自己的空间，启动自己的本能，聚焦自己的能量。假如我来帮你实现，我会尝试用些能够唤起你童年记忆或感觉的老音乐，又或者是你十多年没听过的老歌，但它们能把你带到另一个地方，让你瞬间拥有某种舒适的感觉。

冷静放松，只做你自己，做"全民公敌"的那个你。你会有种神奇的身体反应，无关音乐，只是本能。那是一种平静的寒意，让心率几乎瞬间从降至白热空间中的休眠状态，大概每分钟放慢两至三下。你开始微笑，我便知道选对歌了。

凡事只要做对了，总会使人绽放微笑。

我会一直这样做，直到确信你已回到正轨，接下去就得你自己全盘接手。你不能始终依赖我或别人，给你指明道路，然后我就滚蛋。有时我会给某个家伙一张字条，或许是他在做热身的时候，就像我在迈阿密对德怀恩那样，只为帮他平静下来。有些球员会在半场休息或赛后看望自己的孩子，一个快速的拥抱和亲吻，那恰是在排解所有压力，因为孩子们并不在乎你得 2 分还是 100 分，他们只想得到爸爸的拥抱和亲吻。而对爸爸而言，这样可以将比赛中的部分压力和情绪，转移到一个平静的地方。

没有恐惧，没有干扰，全神贯注。思考让你分心，那就不思考，而白热空间会始终让你呆在该呆的地方。那是你的安全港：一旦你进入那个区域，任何事物都将无法触动和伤害你，没人能给你打电话、发短信、找你麻烦或打扰你。在那里，你掌控时空，没有任何东西可以牵制你。

迈克尔与其他球员的明显区别，正是他在关键时刻屏蔽外界一切人和事的能力。不受任何东西的影响，冷若冰霜。激动的人群、兴奋的媒体、父亲的去世，一旦上场，他就能抛开一切，专注于自己的使命：进攻，征服。除非是他自己，没人能超越他。德怀恩在未受伤时或许是最接近这种境界的一个，他掌握了让自己踏入这些边界、忘却其余一切的开关。而多数人，即便是和他们同样伟大的球员，始终背负着一些额外的东西，极少数人能将其悉数抛却。

想想乔丹职业生涯中50%的命中率，那意味着什么？——在三人盯防、每次出手20 000台相机闪光灯亮成一片的情况下还能两投一中。

他打每一场、每一节、处理每一个动作时都深深地进入状态之中。他对待训练和比赛毫无二致，在任何环境下的动作都惊人的一致。

我懒得听有的球员说，“被闪光灯包围，那就是我表演的舞台。”

错。当你进入白热空间，那些东西就与你完全无关了，你根本不需要也不该注意到这些！

然而，只有极少数人能在各种情形下复制那种极度的聚焦和专注。为什么很多球队主场比客场打得好？为什么有些运动员在某些场馆比其他场馆表现好？因为他们无法复制能让他们进入白热空间的那种环境。他们只知道自己身处不同的氛围，却无法本能地意识到该如何去适应那种环境。本该去主动影响比赛的结果，却反被比赛牵制。本该保持坚决而稳定的心态，却开始丧失信心，愁上心头。他们失去了冷静的自信，开始情绪化，毫无疑问：情绪化会让你变得不堪一击。

再说一遍：情绪化会让你变得不堪一击。

从白热空间走出来的最快方法，就是让情绪去驱使你的行动。

当你感到恐惧，你会畏畏缩缩地筑起一堵墙来保护自己。那儿真的有堵墙吗？没有。你可以径直走过去穿越它。但如果始终站在那堵假想的墙后面，必败无疑。

当你感到愤怒便会肆意发泄。此时你是不理智的，因为你的行为源自冲动，而非理性。那一刻你完全失控，彻底不知道自己该做什么了。你丝毫集中不了精神，内心烦躁，毫无把握。集中不了精神，必败无疑。

当你感到嫉妒，你便将所有注意力和能量转移到那个让你嫉妒的人身上。无论是同事取得了成功，还是女朋友有了新欢。总之你想的不再是自己该做的，必败无疑。

情绪法则的唯一例外是怒火：用得好，克制之下的怒火便是致命武器。

我说的并非全面失控的狂暴火山，而是你能抑制并将其转化为能量的怒火。统治者心中都有那种缓缓燃烧的熊熊怒火，假如他们能掌控和维护好，它就是终极能量的来源。但它绝不能演变成盲目愤怒，绝不能变得消极。当你能正确引导自己的怒火，就会像乔丹在温哥华那场比赛上那样，耸耸肩摇摇头，弹指间让对手灰飞烟灭。他没有对任何人拳脚相向，始终保持着稳定的情绪，用克制的怒火赢得比赛。

这是条分水岭。假如你不控制自己的怒火，就会变得暴力，动手打人，与裁判争执，与其他球员怒目相向，彻底情绪化，最终跌跌撞撞永远找不回状态。

情绪会让你分心，暴露你的内心已然失控，这也将最终彻底摧毁你。该让自己昂首挺胸地进入白热空间之时，你却在过度关注自己内心的感受。注意力在其他方面，怎么可能打得好球。

当然，统治者也是人，和其他人一样，大赛之前他们也会感到兴奋、焦虑或紧张。但和其他人不同的是，他们能掌控那些情绪，绝不会让情绪掌控自己。

乔丹曾问我，“大赛之前心神不宁怎么办？”

“把所有情绪都往一个方向赶，”我告诉他。

情绪不会自己跑掉，要么赶走它们，要么收了它们化其为能量。

统治者应该想，如果连“我”都感到紧张，队友们不是要疯了？他们还得要哄着我？

我要它成为你的常态，无论是面对一场无关紧要的季前表演赛，还是一场总决赛的冠军争夺战。就照你每天做的那样做，这样你就永远不必理会所处的环境和形势。一切保持原样。大战前一晚，你必须能对自己说，“嗯，我已经完全调整到位，一切就绪。”然后去和家人、朋友或者你喜欢的人共度美好的夜晚，做你喜欢的事。希望在你周围的人都能够为你提供支持，知你所需，不求回报。他们能理解，大赛之前的这个夜晚你不能请一堆七大姑八大姨共进晚餐，朋友们也不会将你卷进他们的生活闹剧里。不引发不必要的情绪，不施加额外的压力。因为一旦你开始警告自己或他人，“嗨，明天大赛，别给我找麻烦，”你就开始情绪化了。那是最不该发生的事。

2012年迈阿密热火击败俄克拉荷马雷霆的前一晚，我让德怀恩在体育馆里练到深夜，他的手机每隔几分钟就会响，队友们短信不断，说自己睡不着，无法稳定情绪。我不想听那些废话。这是在暴露内心不断升级的压力，无法自控。我敢保证雷霆的年轻球员们正围在一起打游戏，对于输掉决赛毫不害怕也毫不在意，因为他们当中的多数人从未打过决赛。但那种无忧无虑不会延续太久，下回决赛，他们也一样睡不着。

别人开始头脑发热的时候，你要保持冷静。

任何一开始就过热的东西最终只有冰冷的结局。

想要储存食物并保持其新鲜，你会怎么做？放进冰箱，让其冷却。

灯光越来越亮，场面越来越热，你应该越发沉着和冷静，将一切情绪深埋心底。这是你的白热空间，一切行为源自本能。其他人在行动之前，必须先看、先听或者先观察别人在如何做，你却能本能地感知到自己前行的方向。你会跟着自己的感觉走。那些能够侵入你内心领域的人，就是你的真正大敌。

设法进入白热空间的前提，是要深信那些本能，那便是我们接下去会谈到的内容。

第五章

敬畏本能

被动者只想他不得不想的事
掌控者先全盘考虑、分析，然后采取行动
统治者无需思考，他本能地知道该怎么做

所有人天生都差劲。

很抱歉这么说，但这是事实。当然，总有些人，生来差劲，却可以后天成才。

如果你想到达某个新境界，你就必须抛弃那张烦人的旧路线，避免重走通往死胡同的那条老路。

想想看，我们先天具备“求生”的本能：婴儿无需考虑自己的需求，也不会分析自己的感受，对于如何得到自己想要的东西，也从不做计划或决策。他们只是本能地知道自己饿了、累了、困了、冷了或热了……于是他们大哭大闹，直到需求得到满足。依靠单纯的、非语言的、与生俱来的需求快速实现结果。你无法与婴儿争辩，也没法把你的价值观强加给他，或者跟他解释为何现在他不能吃。他们说什么就是什么。他们遵循自己的本能而成长，同时却也得到了自己所需的一切。

这样看来，婴儿有些贪得无厌，不讲道理。

几年间，他们发疯似的四处乱跑、大喊大叫、调皮捣蛋，抹到头发上的食物比塞进嘴里的还多。为什么？因为他们才两岁，那些正是他们的本能告诉他们去做的事情。

于是大人们开始阅读有关如何对付这些可怕的两岁孩子们的书，接着把一切都毁了。

“安静，坐好，不许乱跑，不准哭，排好队，你会伤到你自己，听话……为什么你就不能像你哥哥那样？做个好孩子！”

我们将所有那些强大的自然本能和瞬间的直觉反应，都视为有害行为，想尽一切办法将其扼杀。

多么可耻的浪费！所有的天然能量、动力、直觉、行为……全都被逼到角落受罚。从蹒跚学步到长大成人，你一直被教育要“乖”。我们儿时究竟做错了什么？

先天无畏，后天畏缩。

我们时刻被灌输着各种教条和规矩？看别人在怎么做、如何做选择、担心别人怎么说？在某种程度上，你不再顺其自然地做事，而是开始按别人的要求行动。压抑自己狂热的冲动、理念和欲望，往往再也难再找回那种魄力。

然而现在，就在此刻，你知道它们仍在，在你不愿示人的内心角落，拒绝被教导，拒绝唯唯诺诺或规规矩矩。

那便是你本能中的阴暗面。

少了它，想要取得突破性的成就，难于登天。

想象一只非洲大草原上的狮子。他悄悄地接近猎物，突然发动攻击，肆意将其杀死，然后继续寻找下一个征服目标。那一刻，狮子仅受本能驱使，其他一概不管。它并非为非作歹，只是在扮演狮子本来的角色。现在我们假设把它关在动物园。它就会整日躺着，安安静静，了无生气，被人好吃好喝地养着。那些强大的本能哪去了？它们仍在那里，深埋于内心，等待被释放。把他放出动物园，他又变回真正的狮子，捕猎，攻击；关回笼子，他又躺下。

很多人就像是笼子里的狮子，观望，安逸，被驯服，等着某些事自然而然发生。不过对于人类而言，这个笼子不是用玻璃和铁栏杆做的，而是由那些你不能做什么或者应该做什么的糟糕建议、自暴自弃，胡说八道的规矩以及扭曲的思想围成的。一辈子因为害怕犯错而作的过多考虑，过度分析，担忧，在你周边围成一个牢笼。在那个笼子里待久了，你当然会忘记本能。

但此刻，它们就在那里，等待你找到那把打开牢笼的钥匙。最终不用再思考释放本能后自己要做些什么。全部的杀手本能正等着展开进攻。

是什么阻挡着你？

听从别人指挥，按条条框框办事，也能取得一定程度的成功？当然，多数人都会那样做。但假如我们说的是成就卓越，想让自己无人能挡，你就必须学会抛开别人的长篇阔论：限制、消极思想和疑问。

这听起来很复杂？那就简单点说：**别再前思后想。**

非常简单：你擅长做手上的差事吗？干的还很出色？但你能做到最好吗？你说能？

再问一遍：你能做到最好吗？

你当然能。

那你为何还在质疑自己的能力？

现在就给你答案：因为在某种程度上，你把简单的事情复杂化了，不再相信自己。

我常常接到一些运动员的电话，他们被那些专家、训练师、营养师和教练彻底压制，被灌输得太多，以至于丧失了能让自己在第一时间变得卓越的本能。但凡参加过高尔夫训练课的人都能理解这一点：你很自然地挥出优雅的一杆，动作完成，任凭自己如何苦思冥想，却再也记不起自己一开始学高尔夫的初衷。任何时候，凭本能做出的动作，一旦你想要改变它，就会遇到问题。你可以在本能动作的基础上有所提升，但却无法将其驯服。训练和驯服完全不同。你可以通过训练让人们变得更高更强，让他们比完全依靠自我提升走得更远。而驯服意味着将他们训练得比之前更差。正如当被问及自己靠什么谋生时，拳击手莱昂·斯宾克斯回答："把那帮混账东西击倒。"就是那样，就这么简单。

你无法干扰、改变或者教化本能。本能之所以为本能，就是让你由它去。

你需要的一切早已存乎内心。你完全拥有为自己量身定做的各种本能和条件反射，保你生存、助你成功。你无需思考该如何使用它们，它们无时无刻不在发挥作用。

条件反射很简单：假如我把一个球扔向你的脸，你会停下来先想一想该怎么办？不会，你会把它接住或者将它挡开，最起码你也会后退，否则你的脸就会开花；如果我拿东西朝你的眼睛挥去，你会眨眼；碰到烫的东西，你会把手缩回来。

我们天生都有那些基本的生存技能。你没法无视它们，它们就是你的一部分。别担心那些条件反射能否奏效，它们总能发挥正常。

这就是我希望你对本能所作的预设：无需思考，是基于蓄势待发、充分准备和无比自信的直觉反应，没什么可想的。就像你在开车时，前面的车突然猛踩刹车，你会停顿一下把所有备选方案考虑一遍还是干脆停车寻求别人的建议？显然不会，你也会猛踩刹车。不假思考，毫不犹豫，基于经验和准备迅速做出反应。一考虑你就完蛋。有把握，就行动。

无论你从事体育运动还是商业经营，都是同样的概念。别为了商量决策专门安排会议，直接做决定。你的本能已经调整得精准无比，具备即刻发动攻击的条件反射机能。

换句话说，你已进入状态。

回到那头狩猎的狮子。冷静、坚决、专注……他本能地知道，只要猎物有所察觉，自己便再无机会。于是狮子开始了漫长的等待，直到猎物完全丧失警惕的那一刻无可避免地到来。进攻，得手，下一个。无需流露自己的行动计划和思考过程，知而不言，你也一样。

我敢说，等科比哪天退役，他的每一个故事都将成为对杀手本能的完美诠释。他是球员中的终极猎手：一旦锁定目标，便没有任何东西能够阻挡住他。他对目标充满了渴望，除了征服的欲望，他看不见、听不到、也感觉不到其他任何东西，在他自己与猎物之间再无他物。仿佛一个真正的冷血杀手，随时准备攻击。

然而当人们谈到杀手本能的时候，却仿佛它只是印在T恤衫上的一个口号，或者轻描淡写的一句用以描述某个凶悍对手的老生常谈。电视评论员围坐在一起谈到这个话题时，也仿佛只是在念剧本上的一句台词："我们何时才能看到所谓的杀手本能？""噢，要等到第四节才上演！"他们根本没有头绪。

任何一个真正体会过原始能量的人都知道，几个词可概括不了杀手本能。多数号称拥有杀手本能的人也极少会去概括，因为一旦当你拥有那种能量，就根本不会废话什么。你甚至不会去思考，只会去运用。

不去思考别人让你思考的东西，是一种巨大的挑战。你的教练、老板、家人、队友、同事……他们说起你的事头头是道，而且乐于毫不吝啬对你的强行灌输。体育界很多卓越的运动员无法抵制过度思考。他们会研究整场比赛的录像，一次次地观看一段回放，分解每一个动作，针对不同的情形准备相应的应对策略。那是掌控者，需要依据别人的动作来决定自己如何行动，等待合适的时机发动攻击。但如果那个时刻没能到来呢？如果对手不按常理出牌呢？

掌控者会因此失去对真实比赛的感觉。在场上，他如此执拗地想要找到自己从录像中看到的某些东西，等待特定情形出现，努力回想所有正确的应对策略。本该按照自己的节奏打，却开始被别人压着打。主动攻击变成了被动应对。过度思考，过度分析，正是是你何以丧失本能且没法在第一时间变得卓越的原因。

教练们也总是如此。有些教练非常清楚该如何进球，但因为他们看了太多的录像，反而对球场上发生的真实状况缺乏个人见解。他们能告诉你从录像中看到的每一处细微差别，但在面对一场真刀真枪的比赛，却好像玩游戏时少了手柄。没录像可以依靠，又丧失了本能，何来机会取胜？

当你太在意周边发生的一切，便失去了与自己内心深处的沟通。

为什么有些球员训练时表现近乎完美，一到比赛的关键时刻就掉链子？原因就在这儿：他们找不着状态，受思考过程的牵绊，难以相信自己。往坏想，揣摩别人会怎么做，却始终不能斩钉截铁地说服自己：“我能搞定。”

> 无需思考，乔丹是这方面的专家。每次赛前，公牛队的教练团队都会召开全队会议，重温比赛计划，“解剖”对手以及对方的策略。给每人发一份战术图，供球员们了解和温习未来比赛的基本信息。这时乔丹会毫不理会地起身。他不想听到别人的打算。换言之，你还打算教他什么？即便确实有某些他需要知道的东西，他也比你更早知道。他很久之前就知道自己必须要学什么，该怎么学。他比谁都确信，这些东西不能等到临近比赛才去学。于是，他掌控比赛的能力简直完美无瑕，无论面对何种局面他都成竹在胸。

和所有统治者一样，他从不研究比赛，只让比赛反过来研究自己。其他球员会坐在那儿，分析和设想接下去可能发生什么，而他却无需那样。他知道自己的技能和知识已调整至最佳状态，已足够掌控任何局面。长期刻苦的训练令他的身体和精神都能随时条件反射般地知道自己该做什么。对乔丹来说一切都那么的顺其自然。他一遍又一遍地重复同样的动作，直到无需考虑任何因素，只管交由本能去发挥。

卓越的人从不停止学习。不讲技巧方法，本能和天赋只会让你鲁莽行事，就好比一个少年驾驶一台马力强劲、性能卓越的汽车。

假如你培养起与自己天赋相匹配的技能，本能就是一堆等待点燃的核燃料。要想知道自己究竟该怎么做，学习是惟一的途经。

但所谓的学习并不意味着必须依赖上课，而是吸收一切你能吸收的东西，然后即时自信地运用所学。

本能并非冲动，迅速敏捷而不是匆忙仓促。

你无比确信自己的长期努力已练就了一股无人能挡的内力，随时随地可资调用。你也已然足够成熟，拥有足够的阅历，知道自己是谁，何以出人头地，要维持那样的高度需要如何顽强的意志力。

随美国队出征2012年伦敦奥运会时，33岁的科比已是队里年龄最大的球员，身边围着一群比他年轻得多的统治者。他们管他叫OG，意即“老家伙”。记者们问他能否从那些年轻人身上学到点什么。

没什么可学。

你什么都懂？有记者问。

“我不知道自己是否什么都懂，”他说，“但我懂的比他们加起来还多。”

当你愿意和科比一样，每天跑三趟体育馆，投篮、打磨每一个动作，你便可以相当自信地应对一切。他会看海量的录像，分解每一个投篮……但同时他也近乎疯狂地一遍又一遍练习从录像中学到的动作。那就是统治者，不只学习，还会运用所学，并设法在原有基础上加以提升。尤其是对一名资深球员来说，他清楚地知道，较之年轻人强健的双腿和稚嫩的头脑，自己的成熟干练、丰富经验和老到本能才是无价之宝。

假如你愿意花时间、撒汗水，打造一座身体自然反应的“兵工厂”，你的每一个动作就会自动自发。

想看看什么是统治者的原始本能？找1988年全明星赛三分球大赛拉里·伯德对阵戴尔·埃利斯的那段录像。伯德当时已是前两年的三分球大赛冠军，此番志在卫冕，他确信自己毫无疑问能够拿下比赛，在更衣室里问的那句“你们都是来抢第二名的吗？”实在太彪悍了。自己不可能拿亚军。每次投完篮，球刚从指尖脱手，他便转身从球架上取下一个。每回球出手后他连看都不看。有几个进了，有几个打到篮筐后弹出，他也不看。当最后致胜一球应声入篮时，他早已走向球员席。自始至终，他甚至还没把热身服脱下，全凭本能，无需等着看球进没进，自己心中有数。

别等着别人来教你。

每年都有几百万有关减肥和健身的书在大卖？我敢保证，这类书的每一位读者其实早已知道答案：健康饮食，坚持锻炼。你可以吃这个吃那个，这样锻炼那样锻炼，你都能瘦下来。你早知道自己该怎么做，但仍然买那种书，还是本段开头那句话：因为你在等别人来告诉你。本该很干脆地下决心健康饮食、增加锻炼，必须是一生的坚持，而非只是坚持21天、1个月、5小时或者其他任何的流行秘方，你却坐在那儿捧着本书分析情况。相信我：窝在沙发上看书实现减肥的目标，神仙也做不到。

我并非要你停止搜寻答案，而是要你向自己学习，相信自己的答案，依赖自己已然具备的条件。本能并非一门科学，恰好相反：研究成果会告诉你别人的所学，本能告诉你自己的料。科学研究的是他人，本能只关乎你自身。想想吧，陌生人所作的研究了解你，还是你自己更了解你？

奥普拉曾经说："每做一个正确决定，我靠的都是本能；而每做一个错误决定，都是因为没有遵循本能。"的确如此。当然，她做了25年的脱口秀节目，当她告诉观众们他们应该相信谁，应该做什么以及应该如何改变自己时，他们都宁愿听从她的建议而非自己的本能。每天都有数百万人去听其他人告诉自己哪些事情做错了，为的是接受他们的教诲，按照那些人的标准去生活。

希望他们愿意听听我下面的话，并且因此不再盲从：人是不会改变的。你可以赚几百万美元也可以亏几百万美元，会升职也会失业，会胖40磅也会瘦40磅……但你还是你。你可以换环境换配偶换职业……但你还是你。无论尝试什么，都只是暂时性的行为，你迟早都会回到那个本真的你。

还记得我写给德怀恩的那张纸条吗？

"要想得到你真正想要的东西，你必须先成为真正的自己。"

那就是统治者。审视内心，你就能洞察真相；外部只是表象，多半只是人们想要你看到的东西，那是掩盖了真相之后的合成照片。问问自己，不顾所有外部压力和期望，只管做自己，那会是怎样一种感觉？

我知道你在想，“这没那么容易。”好吧，我也没说这必须得容易。要是容易，那人人都能做到。开始，很多人会这么做，但能完成的没几个。为什么？他们不相信自己能走到最后。他们开始想象任何可能变糟的情形，重新审视自己当初的决定，轻信他人而不再信任自己。

任何人都可以有一个伟大的想法，而究竟你如何去实践将最终决定你成为什么样的人。

对被动者而言，脑中的念头会挪到他的嘴上。他得说出来与人讨论，通过交流获得别人的反馈和认同；对掌控者而言，脑中的念头会奔向直觉，但却中途受阻，受情绪和过度思考影响而停下脚步。

但是，对统治者而言，脑中的念头会直抵直觉，本能被激活，将念头直接转化为行动。顺便说一句，那就是掌控者和统治者的区别。掌控者思考自己所需，统治者感知自己所需。掌控者告诉自己的内心自己想要的结果，统治者顺应内心的决定那是基于直觉的充分自信。区别即在一念之间，坚信“我能搞定”，无需作任何思考。

当你变得卓越时，你就会毫不犹豫相信自己的本能。当你变得无人能挡时，你的本能相信你。

正是本能教你如何结束战斗。若是听从别人的胡乱指挥，你最终将陷入一系列琐碎的无谓尝试，自信全无，不知哪一招能够奏效。然而一旦你开始信任自己，那种专注能精准地帮你找到成功的关键。

试想一位拳击手在场上一圈圈地移动，一切准备就绪，只等瞬间抓住自己等待已久的机会。没有多余的动作，没有恐慌，也绝不能有失误。这一刻，他已在脑中演练了太多遍，他是如此成竹在胸，根本无需思考。

清楚知道该怎么做，那就是本能。

相信自己的感觉。当我决定攻读人体运动学学位时，人人都说，“哦，你要当体育老师？”不，我要训练职业运动员。“你可以开家健身俱乐部！”不，我要训练职业运动员。如果你任由自己被那些软弱的借口和数不清的理由麻痹，给自己无法达到想要达到的高度开脱，那么做成任何事情的机率都为零。

相信自己的直觉能披荆斩棘，引领自己到达想要到达的地方。最终抵达目的地之时，那种满足感和成就感会让你心醉神迷，你会明白，惟因自己本能的引领才让你全凭一己之力站在那里。

停止思考，停止等待，你早已知道自己该做什么。

然而本能只能助你成功一半。若不开启通往内心阴暗面的旅程，你仍然无法成为“致命的对手”，那正是我们接下去要谈到的。

第六章

利用你的阴暗面

被动者试图对抗自己的阴暗面，最后以失败告终

掌控者了解自己的阴暗面，但无法自控

统治者驾驭自己的阴暗面，并将其转化为强大能量

听过《化身博士》的故事吗？

有位正直善良的医生名叫哲基尔，他发现了一种药剂，不慎将自己变成了一个阴险邪恶的坏蛋海德。渐渐地，他喜欢上了那种没有恐惧、无视道德的生活。那是他人生中第一次完全凭感觉而非迎合他人行事。

哲基尔过着规矩而平静的生活，海德常常受意气和本能支配；哲基尔只活在自己的小圈子里，海德为所欲为，不计后果。

哲基尔活在阳光下，海德呆在阴暗里，只有当哲基尔变身海德时，其与生俱来的本能才能得以释放。

这就是我们现在要谈的，进入你的第二自我，释放阴暗面，让真实和本能引领你。

海德是个精神病患者，我不建议你也那么玩儿。但如果想挣脱现实的束缚，上升到更高的层次，你就必须抛开一切顾虑。就像“温文尔雅”的克拉克·肯特脱下外套和眼镜变身超人，神奇绿巨人膨胀变绿，蝙蝠侠披上披风，狼人对月嚎叫。他们将所有道德、教条和规矩统统扔掉，完全按自己的意志行事，凭本能达到巅峰。

没有恐惧和限制，只有行动和结果。

还记得我们之前说过的吗？人之初，性本恶。

欢迎进入你的阴暗面。

在内心深处，有种汹涌的力量在驱使你，它保持着本真和野性，让你拒绝平庸。那是一种不同寻常的杀手本能，它藏在暗处，默默地渴求你从不言及的东西；它不在乎给别人留下何种印象，因为这才是真正的你。

只要有可能，它绝不会改变；它也没法改变，没人能真正改变自己。

你可以尝试，可以承诺，可以寻求帮助，也可以通过教育来设法压制你的本性，但内心真正的自己始终未变。那才是你，无所谓坏，无所谓好，只是你自然的野性本能，告诉你内心所需：性、金钱、名誉、权力、成功……它们驱使你去获取自己渴求的一切。

别告诉我你没有阴暗面，任何人都有。

想想你内心那些不为人知的秘密，那些一路帮你走到今天的计谋、欲望、自私以及对你本不该拥有的东西的贪欲。

那就是你的阴暗面，你需要它。

能否进入状态，能否实现目标，一切问题的答案都在这里。

我了解许多成就非凡的人，他们都毫无例外的具有阴暗面。让他们走向巅峰的熊熊斗志和能力，都深受某种潜藏内心的强烈欲望所驱使。那团激情之火中包含着你的天赋、性能力和危机感等。

尽管人与人略有不同，但我们都应该探究自己内心无人能察的一面。去掉约束多数人的道德审判吧，尽情释放你自己。

体育界、商界、影视界和政界的领军人物，有几个能百分百自信地说，他们绝不会染上丑闻？你又相信有多少影响力巨大的人物，不会被卷入某种道德品行上、法律上、婚姻上、财务上以及情感方面的争议?

这是我想到的，不算太多。但你猜怎么着：那正是他们能够拥有影响力的原因。他们并非坏人，只是不乐意扮演正直善良的哲基尔。

世俗观念能让你远离麻烦、抵制诱惑、过清白高尚的生活，但这样的生活只适合那些平庸的人，而平庸无法让你出人头地。

每次某位政客、CEO 或体育明星爆出丑闻，我们通常会想：“这货真蠢。”

难道他不知道自己在做什么？不知道会有什么后果？当然知道，只不过他还是做了。

其实，只要他愿意，就完全能够控制自己的行为。但他没有，因为当你已经习惯赢，就会想要在任何领域都独占鳌头。正是你的阴暗面在驱使你成为真正的自己，变不可控为可控，野蛮地征服一切。在你眼里，没有致命的挑战，因为对于失败，你毫无恐惧。你的满足感来自对事情的牢牢掌控，而非冒险。

你操纵着一切。

越有担当，越有力量。缺乏强烈的自信和强健的体魄，你无法在任何领域臻达顶峰。

冒着所有人都避之不及的风险赢得胜利,因为你的本能告诉你：“那不算什么。”

“白热空间”之时，正是你的阴暗面伸出那根蛊惑人心的手指戳着你的后背，低声说：“上。”

阴暗面是你的终极燃料。它让你兴奋，给你力量，让你无路可退。

它是惟一的发泄渠道，让你从压力中暂时解脱出来。

对某些人来说那种阴暗面是性，尤其是不为社会所认同的性关系。对其他人而言，或许就是锻炼、喝酒、打高尔夫，也可能是工作、赌博、挥金如土。它们都是严峻的考验，看你能否在被它毁掉之前控制住它。这种瘾头和你追逐成功的瘾头一样强烈。

阴暗面未必是病态或罪恶的，好人也有野性的一面。想想那些超级英雄，蜘蛛侠、超人、蝙蝠侠，他们为正义而战，却生活在黑暗中。阴暗面是你内心未被公开的部分，在你启用之前，任何人无法察觉。而当你悄然启用时，只有你或少数几个你绝对信任的人知道。

那些非常私密的本能和行为，只有你自己知道。自年幼时起，大人们就教育你，那些东西是坏的。于是你感到非常羞愧，将它们深埋心底。但这只会让你变得更加渴望，对无法做真正的自己感到沮丧，最终承认自己得面对事实，尽情释放自己。

保证安全就意味着处处受限，处处受限就无法野蛮进化。

你会感到挣扎，一边是内心的渴望，一边是从小被灌输的“正确”的道德观，你不得不全力对抗自己的阴暗面。你可以尽力控制，但没法将其彻底遏制。阴暗面永远无法被真正压制，它总会卷土重来，不断反抗，直到反过来控制你。看看可怜的哲基尔医生吧，当他无法控制体内的海德先生时，只好选择自杀。

统治者能控制内心的冲动，而不是反过来被冲动所控制。**所谓阴暗面，并非逞匹夫之勇，给自己找麻烦，那是弱者的表现。**自控力是你有别于他人的标志。你感受到欲望，可以选择追逐还是放弃：你伸手去拿瓶子，因为想喝里面的东西，而不是只想要个瓶子；你可以找一群火辣的女人，尽情享受，但绝不会无法自拔；你可以在 21 点的牌桌前玩上几个小时，但赢够了就会收手；你在办公室工作到深夜，但心里始终惦记着家人。从此，你看着其他人拼命努力，为的是能赶上你。

你会找到下一个想赢得的目标，因为野蛮进化中，对胜利的饥渴感便永不会平息。统治者一旦达到目标，肾上腺素分泌减少，便开始渴望更多的成就。追求结果的快感如此强烈，他根本难以回到现实。统治者需要不断地吞噬，持续地品味那种彻底的满足感。

但如果那种满足感机会难得呢？在体育赛事方面，你每年只能赢一次冠军。一整年的刻苦训练，只为这临门一脚。干脆利落，机会只有一次。赢不了，就得等下一年，或之后很多年。

如果求胜的欲望非常强烈，你的状态就不能时好时坏。成败论英雄的世界，绝不松气。你要日复一日、年复一年地登上顶峰并且保持巅峰状态，把一切做到极致。不仅想着这一次的目标，而是要一次又一次反复证明自己。不去满足自己的那种渴求，你还打算做什么？

统治者太过饥渴，根本没有耐心等待，他必须不断地征服。他永远需要某些能主宰，能掌控，能让他保持快速反应和竞争力的东西。这样，他才能为了征服新目标而继续前行。他总会尝试点别的什么，独自去完成一些艰巨的任务，满足自己贪得无厌的竞争欲望。他沉溺于一切能激发他野蛮进化的目标，专注于一切能让他的大脑和杀手本能保持巅峰状态的事情。

每天出现在体育馆，练没人愿意练的项目，这种决心来自于阴暗面；年复一年地做到极致，让自己始终保持在巅峰水准，这种动力同样来自于阴暗面。

拥有强大阴暗面的统治者，一定会在某一方面出类拔萃。说真的，一个叱咤风云的商人、一个纵横江湖的黑帮老大和一个所向披靡的体育精英，三者的本能有多大区别？他们都是不折不扣的“杀手”，致力于将一切做到极致，竞争的手段残酷无比，取胜的欲望同样野蛮无情。等对手们发现他们强势来袭，一切都已为时过晚。他们不是用枪消灭对手，而是用技巧和智慧。他们在各自的领域都成就辉煌，并且目标一致：攻击、控制、得胜。不惜一切代价实现终极目标。

然后从头来过，周而复始。

回到家，统治者便卸下自己的阴暗面。许多人即便做了某些不该做的事，仍拼命维系自己的婚姻，因为他们知道，家是惟一安全的港湾。阴暗面的力量来自别处，家给你一个舒适安全的怀抱；出门追求刺激和兴奋，回家感受安全和爱意；外面是一个燥热的世界，家是平静温暖之所。你的本能之火来自阴暗面，而阴暗面是不能出现在家庭聚餐之时的。

这正是他们成为统治者的原因。如果你已经是个统治者，肯定明白我在说什么。共鸣如此之深，你都不敢相信我们在谈这些。

人们试图将阴暗面怪罪于家庭环境，但那是借口。阴暗面关乎内心所感，家里家外没人能影响它。阴暗面就是阴暗面。

于是，为了保护自己在乎的人，他们宁愿作出牺牲，戴上正常人的面具，扮演别人希望看到的那种人。但他们知道，只有链接上自己的阴暗面时，才是百分百完整的自己。然而也是因为他们懂得控制，最终才能做自己想做的一切。

他们在任何方面都表现一致，热情、较劲、充满斗志，对待工作的态度就是对待生活的态度。要想野蛮进化，他们就必须回归本我。除此之外别无他法。需要控制的时候，他们能控制住吗？当然能。但他们不想那样做。

当你满脑子想的都是如何去赢的时候，你只会考虑如何保持沉着冷静的白热空间。在那里，只有你和你求胜的欲望。只有逼不得已时，你才会戴上面具。

老虎伍兹就是经典一个案例。他在婚外与十多名女性有染。换作其他运动员，这样的阴暗面早就毁了他们的职业生涯，但伍兹戴上面具，将阴暗面隐藏起来，让哲基尔微笑着出现在镜头前，不断出席商演，其他一切则交由海德处理。他隐藏得如此之深，以至丑闻被揭露后所有人都大跌眼镜。

如果你想了解所谓的白热空间，那就去看看伍兹以前的比赛录像吧。他步入赛场，就好像一切都是为他专门建造的一般。如果你挡他的道，那么请上帝保佑你。所有专家都在谈论他坚强的意志，说小时候父亲训练他时，故意忘记带球具，或在他挥杆时将球车移走；说母亲教他“干掉他们，把他们的心挖出来”。分析师们信誓旦旦地说，伍兹的白热空间是自小被训练出来的。

然而等到丑闻爆发，他进入白热空间的秘诀突然间变得清晰无比。

随着他好色的一面浮出水面，伍兹的职业生涯急转直下。由于人们不停指摘其私人生活的各种细节，他的阴暗面开始慢慢消失。

那种能量根本无法在阳光下生存，它将彻底失去威力，除非你能站起来宣布："没错，那又如何？"然后径自继续你该做的事。

那就是如何将阴暗面保持阴暗的秘诀。

但伍兹选择向公众致歉，所以他的形势变得更加糟糕。因为如果你还在利用自己完美丈夫和父亲的形象每年赚几千万美金，你的阴暗面最好还是呆在阴暗的角落里。

我必须实话实说，作为一个认识和喜欢伍兹很久的人，我不想看到他道歉。我希望他不对公众作任何解释，全力以赴地应对明天。

就像我的朋友兼客户查尔斯·巴克利，在奥兰多一家夜总会里，有个蠢货用冰块砸他，被他直接扔出了窗户。你最好别在朝查尔斯扔冰块或别的什么东西时还指望能逃过一劫。法官宣判后，问查尔斯是否从中吸取了教训。"是的，"他回答，"我应该先把他拎到三楼。"

绝不道歉。

伍兹也应该用那种自信来处理问题。他是高尔夫球场上的杀手，籍此树立起令人生畏的威望。背叛妻子只是他的家庭问题，他不用低头忏悔，他没有谋杀任何人。害怕失去威名？那就多赢几场比赛。我希望他走出阴影，打出更精彩的比赛，向人们宣告自己仍是王者，向人们证明自己依旧是冷血杀手。这是震慑对手的最好方法：所有难关我都克服了，状态怎可能还没回来？你们这些混蛋没有任何机会。

甚至他们会在这方面相互竞争，看谁能够在这方面超过伍兹，而且不被发现。“他居然被发现了，”他们感到惊讶，“我从不会被发现！”但如果某天自己也爆出了丑闻，他们就会比赛让自己的职业生涯保持状态，不会像伍兹那样一落千丈。他们会迎接新的挑战，重新证明自己。

瞧，一切由我掌控。

有一场比赛，一位球员在中场休息时喝下三罐啤酒，然后重返赛场，告诉对方：“我刚灌下三罐啤酒，看老子怎么收拾你。”他做到了，比赛很快变得枯燥乏味。赛季结束，他邀了几名队友参加这项挑战，看谁能在中场休息时喝下最多的啤酒，并且仍能打得最好。第一天他们尝试两瓶，第二天3瓶，然后4瓶……他们不断加码，直到有两名球员回休息区的时候朝着对手那边走了过去。于是这惟一的胜者，也就是发起挑战的球员，终于得意地说：“哈！我把你们全收拾了！”

我绝不会纵容这种可笑的竞赛，但如果你不去挑战自己的极限，又怎能测试自己究竟有多强？

那就是阴暗面的行事风格：抛开对和错的法则，探寻自己的真正实力。

我曾和一名球员合作过，我认为他喝多了。“这不是问题！”他咆哮着回答我。“听着，如果有问题，我就一个月不沾酒。”结果，他真的一个月没喝酒。挑战就此被征服。

如果你想喝酒，只管去喝。我从不介意运动员去放松，毕竟他们也是普通人，需要应对压力。很多运动员在赛前放松自己的时候，都会找点东西发泄。如果我阻止你那样做，你只会怪我干扰了你的赛前准备活动。因此，你认为有必要的事情就只管去做，只要那样的发泄能激发你阴暗面的能量，带你进入白热空间。

只要你确保自己能始终掌控一切。

统治者法则：掌控你的阴暗面，别让它来掌控你。你只是想抽烟还是根本停不下来？所有的夜生活，你是否会在葬送自己第二天的比赛前回家？喝酒是因为喜欢，还是为了缓解压力？喝酒之后你还能体面地完成使命吗？也许吧，但那样的你没法做到极致。统治者的行动从不受任何东西的影响，他们的精神状态如此完美，绝不允许任何事物干扰自己的思想、本能和直觉。

是谁在掌控一切？你，还是你的阴暗面？

我认识一个对女人上瘾的家伙，他是一名受人尊敬的企业家，发誓一年内绝不再鬼混，并一本正经地过了一整年。尽管痛苦无比，但他决意要证明自己能够控制自己，也希望借此挽救自己的家庭，因为统治者需要那份稳定。不幸的是，对家庭的伤害已经造成，婚姻也无再法挽回。年底，朋友们笑话他："你浪费了一整年的好时光。"但是他没有，因为他知道了，究竟是自己在控制阴暗面，还是阴暗面在控制自己。

阴暗面一旦曝光，就会受到整个社会的指责。"他没法控制自己，软弱的家伙。"但统治者绝不是你想的那样，他就是想做别人不认可的事。那不是软弱，反而是真正的强大。

害怕被指责而放弃自己的追求才叫软弱。

统治者拥有海德先生，他的另外一个自我。统治者不会因此误入歧途，而是在需要时敞开内心，主动与其融为一体。他们之所以能在严峻的考验中幸存下来，靠的就是那份彻底的自信。无论发生什么，统治者坚信自己的本能会助他克服一切，全身而退。无需任何理由，掌控一切的欲望是如此强烈，对本能的信任又是如此坚定。他知道自己绝不能输。

如果你事事循规蹈矩，从不冒险，还能像他们一样成功吗？不可能。你只会像普通人那样，整天害怕失败，担心不再讨人喜欢。

那些在自己的专业领域做到极致的人，他们的心性以及他们所付出的一切，多数人根本无法理解。别人没法将自己的三观与他们的相媲美，根本没法比。他们的三观不一定比别人优越，但就是独一无二。

重要的是，他从不在乎别人对他的阴暗面说三道四，因为他所有的压力都只会来源于自己。正如你看到的那样，他甚至对自我施加的压力远未满足。

第七章 在压力中汲取能量

被动者从来不投关键球

掌控者在很大压力下会投关键球

统治者的每个球都是关键球

万众瞩目的最后时刻，一名球员出手绝杀，整个球场陷入癫狂。这时，我们会夸这名球员有“关键球基因”。

但事实上，世上根本没有这种东西。就算有，那也不是你该追求的。

你该追求的是结束战斗的掠夺性本能，以及关键时刻出手的自信。

机会只留给做好准备的人，就这么简单。

真正的战士，永远渴望进攻和征服。这种渴望让人成长。你刻意制造局势，不断将压力升级，挑战自我，证明自己的能力。绝不会等到关键时刻才抖出点神话般的“基因”来炫耀自己。你的卓越应该体现在每时每刻。

掌控者之所以叫掌控者，是因为他们只在最后一刻才发挥。他们能在紧张局势中派上用场，因为他们只在比赛千钧一发之时迸发潜能。

而在统治者眼中，局势每一刻都紧张，比赛每一秒都关键。

如果别人说我有“关键球基因”，我会觉得那是种侮辱。别人说你在关键比赛时能迸发潜能，绝不是一种褒奖：别的比赛你在哪？为什么你不能始终如一的生猛给力？

我清楚这类球员的能力：在中场哨响起前两秒投入绝杀球，发起一波进攻摧毁对手的攻势。我理解那种满足感，也能体会那种戏剧性场面带来的强烈快感以及英雄般的荣归。

然而野蛮进化，意味着要持续的高光表现，而不是仅在危急关头有所作为。“关键球”只在于最后一分钟，而野蛮进化在于每分每秒。

> 如果仅满足于最后时刻的表现，那意味着别的时间里你太过安逸。许多球员不投最后一球，并不是担心投不中，而是如果投了那一球，他们就必须不断地投下去。看看林书豪吧，一个不知从哪冒出来的家伙，打进了尼克斯队的主力阵容，所有人都希望他能保持那种水准，但这种事情根本不可能。起点越高，下跌的空间就越大，跌落地面的痛感就越强。对许多球员来说，维持原状更容易。期望少，压力小，回报也少，但总归很安全。

统治者渴望那种高度，同时也承受着维持那种高度时不断上升的压力。一旦稍稍松懈，便立即会觉得自己像是在犯罪。如果你是统治者，就会明白那种想要随时掌控并攻击某些目标的强烈冲动。你绝不会想要放松。放松是弱者所为，因为他们无法处理压力。将统治者置于一个完全放松的情形下，比如无需训练的假期，他的压力反而更大。统治者宁可应对挑战，宁可选择受伤，也不想花精力去“放松”。

统治者若想休息一下，便会躲进自己的阴暗面。寄托于某种能被自己掌控的东西，寻找某种临时性治愈状态。压力依旧存在，但暂时将注意力转向其他嗜好。放下训练去猎艳，抛开竞争去买醉，不再想尽办法赚钱，去体育馆出一身汗。这一切都源于自我施加的压力。将自己的适应范围越推越远，只为测试自己的极限。

统治者能掌控自己的压力，从不指望别人帮忙。我认为勒布朗·詹姆斯是掌控者而非统治者。只能孤身奋战的时候，比如德怀恩·韦德，从一所默默无闻的高中到一所毫不起眼的大学，他必须日复一日证明自己，任何时候都成为场上的最佳球员。但如果刚出道时，所有人都把你捧得天花乱坠，就容易犯晕了。

勒布朗自高中起就是球队的头号球星，还没进 NBA 就签下了巨额的球鞋和户外广告合同，轰动全联盟。这给新秀选拔赛的评委们出了一道十足的难题。从未看过篮球赛的人都在谈论勒布朗会被哪个球队选中。那是种巨大的压力。现在他和另外两名超级球星德怀恩·韦德和克里斯·波什成为队友，有了向别人推卸压力的巨大空间。

想找人对比一下吗？那就想想科比的湖人王朝，乔丹的公牛时代，组成“三巨头”之前的韦德以及现在芝加哥公牛队的罗斯。

这些球员傲视联盟，心中有着同一个理念：“我不想加入你们，我只想打败你们。”当新人进入联盟时，他们又全都在想：“你可以跟我打，但我不会和你打。”2012 ~ 2013 赛季，霍华德和纳什加盟湖人，所有目光都关心科比和新队友的关系：他们会分享球星光环吗？科比会交出球队的领袖权吗？新的湖人队会赢得总冠军吗？

科比很快遏制住了人们的猜测。“我不会跟他们说，‘嗨，这是我们大家的球队’，”他告诉记者，“没门，这就是我的球队。”

这儿由老子负责。

我理解伟大球员们想要并肩战斗的欲望，但你得利用这个机会去聚集压力，而非推卸责任。打造超级团队是为了让自己更有竞争力，而不是便于你找人卸下重担。

当勒布朗最终赢得一枚总冠军戒指，人们说，“这下总算没有压力了。”你在开玩笑？压力翻倍了才对。这下你得从头再来，确保下个赛季成功卫冕。任何球员，若不想再要第二枚冠军戒指，他应该做的就是立马退役。

乔丹传说中的臭嘴并非针对某个球员，那是他自我施加压力的一种方式。一旦放出话来，说自己迫切地想要干掉对手，你就必须兑现诺言。

我常常对他们说：“加压、加压、再加压。”人们习惯逃避压力，而我主张追求压力。压力让你保持敏锐，挑战你，迫使你去解决弱者避之不及的难题和局势。没有压力，你就无法成功。一个人能取得多大成就，往往取决于他拥抱并处理压力的能力。

你的敌人正对你虎视眈眈，一旦你处理不好压力，暴露了自己的弱点，他们便会蜂拥而上。这就是竞争的法则。

2012 年 NBA 总决赛，俄克拉荷马的伊巴卡决定测试一下詹姆斯处理压力的能力究竟有多强。詹姆斯的意志力一直以来都受人诟病，他感到压力时会咬指甲。看到他在总决赛中出现这个举动，我对 ESPN 的解说员史蒂芬 ·A. 史密斯说："他完了。"

这次热火很幸运，他还能找回状态，但实际他咬指甲的时候就已经出局了。我曾看到他站在罚球线前，做出让球迷安静的手势，他的消极情绪接管了他的理性。

伊巴卡抓准了那个弱点，在第四场比赛前对媒体说，詹姆斯一对一防不住杜兰特。媒体炸开了锅，争相采访詹姆斯的感受，詹姆斯表示自己不做评价，而最后却愤愤不平地扯了一通。

那就是掌控者，在压力下无法集中精神，一心想要证明自己。统治者从不回应外在压力，他将全部压力还给那些居心叵测的对手。**记住，不要和任何人竞争，让别人和你竞争**。你能控制自我施加的东西，但无法控制别人施加给你的东西。因此你必须让内部压力来驱动自己。拥抱它，感受它。任何人都没法再影响你。

2010 ~ 2011 赛季，湖人对阵奥兰多魔术。整场比赛，巴恩斯都在竭尽全力对抗科比，假装朝他脸上扔球，差一英寸就砸到他的鼻子。但科比没有丝毫回应，也没有丝毫闪避。赛后，记者问他为何不反击。他说："我为什么要反击？"

我不想听"自己没法处理压力"这种话。所有人都能处理压力，我们逃避是因为躲在舒适区里更容易。但如果想成功，想在阳光下占一席之地，就必须离开那片舒适的阴凉。这并不容易，因为阳光炙热难当，而阴凉里既凉爽又舒适。但不能接受让自己不舒服的东西，就没法野蛮进化；只在无路可退的情况下才应对压力，就没法做到无人能挡。

压力能够撑爆管道，也能切割钻石。如果只看负面，那么它会压碎你，因为你已进入“我没法做到”的思维樊笼。**但从正面看，压力是一种定义自我的挑战，它给你机会，让你明白自己能承受多少考验。**每个人都想在压力面前退缩，因为压力伤人。但正是压力让你学会生活，激励你更加努力地奋斗。

学会利用压力，而不是逃避压力。即便它令你感觉不适，那又怎样？它的回报值得你去付出，只有克服不适才有更多收获。

但你必须认识两种压力之间的区别，一种能带来卓越的成果，另一种则只能给你带来麻烦。仓促上场，训练不力等，这些都是无谓的压力。在它们带来不良后果之前，你完全有机会将其处理妥当。但当某种巨大挑战引起了你的压力，比如打造团队，提升业绩或夺取冠军等，你就要调动自己的天赋才能从容应对。不是所有人都具备超常的潜力，因而这种压力也不是所有人都有幸承受。

你必须时刻保持自己的压力，不能只在情况危急时才感受到它。根据我的经验，球员们会在 3 月份左右开始松懈，因为那时他们已开始考虑季后赛的事情。压力开始显现负面作用，影响球员的状态，让他们在训练时变得懒散。这无疑会毁掉比赛，让球队陷入困境。

令人崩溃的是，最早开溜的球员并非是承担压力最大的球队领袖，而是那些连一个赛季都打不满的平庸球员。球队领袖没法甩手不管。如果你从事的是个人项目，你放弃不过是放弃自己。但如果你从事团队运动，就会有很多队友依赖你。每天总有人不在状态，你必须填补他们留下的空当。但谁在状态，谁不在状态，只有等到形势紧张才会清楚。想要搞清队友的状态，其实压力更大。

最后，连球队领袖都开始随波逐流。

每到那个时候，我会对球员们说："知道吗，你们连季后赛的门票都还没到手。醒醒吧，如果你们能打入季后赛，就有机会得到总冠军戒指；如果打不进，等待你们的结果就是回家钓鱼。一切荣耀都由你们现在的表现决定。

"你打了一个辉煌的赛季又怎样？那些打了好几个辉煌的赛季球员还在场上拼命，而你却要休息？要想成为顶级球星，这样显然不够。你必须始终保持最好的状态。感受压力，保持敏锐，一切都要靠自己去争取。"

这就是有的球星最终陨落的原因：他们失去了前进的动力，躺在过往的成就上，不再自我加压。这种选择全在自己。

我在乔丹身上看到了他的选择。当时他已转战华盛顿，对全世界球迷而言，他依然是人们心目中的那个迈克尔·乔丹，尽管自己早已是篮球界的传奇，他依旧渴望压力并将其转化为动力，年复一年地追求卓越。直到他说，"行了，这就是我想要的自己。"

他是唯一一个过了40岁单场得分还能突破50分的球员。

他总会做点什么让观众惊喜的事情，用他的话讲，“因为我想告诉人们我还行。”让对手明白，自己还在那里等着他。他依旧渴望压力，依旧以摧毁对手为乐。毫无疑问，他还能继续打下去。

在压力下生活久了，它会变成你的第二天性。尽管很多事情依旧很困难，但你在处理时不再恐慌。你经受住了严峻的考验。如果你从未尝试过比日常工作更艰难的东西，如果你习惯在失去安全感和掌控力时选择逃避，那么压力一来的瞬间，你就很可能彻底崩溃。

统治者感受不到外部压力，他们只聆听自己的内心。你可以批评甚至妖魔化一名统治者，但他根本不会受你的影响。他清楚自己的行为哪些对，哪些错，不在乎你的看法。他离开自己的舒适区，挑战自我，将自己提升到更高的境界。

这一切都源于自信。当你面对挑战，是顶着压力前进，还是任由别人把自己逼进角落？是主动攻击，还是选择退缩？害怕得发抖，还是扭着对手在泥地里滚打？伤口会愈合，但伤疤始终是你的战斗勋章。在迈克尔·乔丹的时代，我们会说：“去给自己增加点压力。”去把自己弄脏点。

第八章 至少一项技能满点

被动者等你告诉他计划

掌控者自己制定计划

统治者不需要特定的计划，他手头上早有无数种可行方案每年的 10 月训练营开始前，我的手机都会遭到球员们的狂轰滥炸。他们刚以 NBA 球员的方式，吊儿郎当地度过了整个夏天。突然间，“糟了，我忘了为新赛季做准备”。经纪人和球队老板会着急地给我打电话，主力球员一个夏天都没训练，他们不得不匆匆忙忙想办法补救。遇到紧急情况，立即按下警铃，请求援助。

很多人虽然尽了力，但仍然没法自律。所有人都想凭自己力挽狂澜，但当他们最终察觉到危机，便都开始找统治者，而统治者早知道这一刻会来，一直在旁边观望和等待。

当所有人都对眼前的局面一筹莫展，把求助的目光投向你时，你最好能快速地解决它。

2012 年总决赛，我飞抵迈阿密处理韦德的伤势，我很清楚两点：这是一个被彻底搞砸的局面，我要做的是别人听了直摇头的事情。韦德想知道，我是能在短时间内帮他缓解膝伤，让他继续比赛，还是一切都已为时太晚，毕竟热火已经打到总决赛第三场。

我坦言相告：赛季结束你得马上做手术。我没法帮你免除手术，但我绝对能帮你挺过这七场比赛。

无论什么难题，我都能带来积极影响。我绝不会毫无准备地上场，也绝不会对你爱莫能助。你只需要把我需要了解的信息告诉，我就一定能帮助你提升。

如果你觉得这是吹牛，我无所谓。我总是充满信心，因为无论发生什么，我都能及时调整，继续前进。不是每种方法都能一次成功，**但自信和自负的区别是：自信意味着当一种方法并不奏效时，你能灵活而理性地做出调整；自负则意味着当眼前的方法不起作用时，你缺乏承认的能力或勇气，仍一遍又一遍犯同样的错误。**

当我把自己的训练方法告诉某支球队的训练团队，他们总会说："是的，听起来非常不错，但不是我们的做法。"废话，要是你们会这么做，还要我干嘛。既然我在这，你们就必须听我的。

我就像一个临危受命，将问题企业拯救于水火的管理者，或将一支濒临崩溃的球队打造成一支胜利之师的总经理。当局势失控，人们就得找一个能解决问题的人，放手让他大干一场。那就是统治者的任务。

不是所有人都愿意承担那种责任。它会让你站到聚光灯下，接受人们的批判和审视。尽管韦德的膝伤一旦加重，或者打出几场糟糕的比赛，人们就会怪罪到我头上，但我根本不会因此而顾虑。我完全可以留在洛杉矶继续帮科比备战奥运会，只给韦德几条建议，等到夏天再和他一起训练：我和韦德已经有两个赛季没在一起合作，因此我只能在三个小时内弄清他过去两年的情况，并帮他挺过接下去5天的赛程。

面对任何人都无法应对的局面，我将全力以赴，因为当决赛落幕，看到韦德捧起奥布莱恩杯，那种回报是无法用言语描述的。敢于冒险，才能取得别人无法企及的成就。

◎ 被动者从不冒险；

◎ 掌控者只在仔细权衡风险后冒险；

◎ 统治者根本没有冒险一说，无论发生什么，他都能应对自如。

如果你参与一场军事行动：进入目标建筑，确信里面空无一人后，迅速从红色门撤出，那儿有一辆卡车在等你，而你必须抓紧时间，建筑物很快会爆炸。一切顺利进行，你严格遵照指令行事，直到抵达那扇红色的门，发现门打不开。这下怎么办？恐慌？用来恐慌的那10秒，或许就成了你生命的最后10秒。这时统治者的求生本能被立即激发，他的大脑将瞬间模拟出各种情况，并成功脱离险境，因为在进入座建筑物之前，他已经预先设想了30种可能遇到的情况。而被动者根本没有机会参与这种任务，因而我们无需提及。

只有统治者明白这种感觉：当所有人恐慌时，你站了出来。你甚至不清楚自己是如何做到的。我说的不是"即兴发挥"或且做且看，我说的是你早已做好充分准备，头脑中有无数方案备选，无数经验可借鉴。你把握十足，足以应对一切。

有些人无论面临什么情况，自己都能应付自如；而有些人，一旦形势变得糟糕便只能宣告放弃。体育赛事中随时可见这种场面：花样滑冰运动员摔倒，橄榄球四分卫传球被截，棒球投手放弃全垒打。这时事情的结局两者必居其一：要么立即调整好状态，重新展现自己，要么从此一蹶不振，举手投降。

同样的天赋，同样重复了千万遍的动作，为什么有的人能适应突如其来的变故，有的人则会彻底崩溃？

不仅在体育赛场上如此，环顾你的四周，仍然有人能应对一切，有人则什么都无力应对。是什么造成了这种区别？

只有少数人具备快速适应并快速调整的能力。我们可以对10种不同的情况都做好充分准备，但很有可能还会出现第11种。多数人只能应对一种，更别谈预见10种。复杂多变的情况会将他们摧残得体无完肤，只要出现一点小问题，他们便无从适应。

你可以将一个投篮动作练上1 000遍，直到闭上眼都能投进。很好，那么在你投篮的时候，我用一个沙袋撞你，你还能做到吗？如果我用巨大的噪音干扰你，你还能保持专注吗？

如果你只会按流程行事，一旦遭遇意外情况，便会失去应变能力。而统治者尽管也会依照计划行事，但一有突发状况，他的本能会立刻被激发，马上作出调整。无需思考，无需提醒，他就是知道。

危险对手的标志就是：他无需预测未来，因为无论对他出什么招，他都已经准备就绪，而且不惧失败。

这不是什么扯淡的“积极思维”，就是努力付出和认真准备，提前了解所有的必要信息，清除的焦虑，相信任何情况自己都能搞定。

我不是教你什么都别去想，而是说你要提前思考和策划，留出足够的反应空间。只有这样，即使被逼到墙角，你也有无数种方法反击。你不可能在情绪一团糟的状态下应对自如，你得准备到随时能射出下一发子弹的程度。你不必非得扣动扳机，但枪已上栓，弹已上膛，一切随时待命。

如果不慎走错一步，你多快能做出调整？信任自己的本能反应，就必须勇于做各种尝试并接受失败，然后及时调整。正是那份自信甚至自大让你敢于冒险。因为无论发生什么,你都能妥善解决。调整适应，再调整再适应。

没有感受过极端恐惧，没有经历过本能的指引，你就无法真正理解野蛮进化的含义。回想一下自己的人生，你一定能从中找出几件对你产生过重大影响的事情，正是它们教会了你处理某些问题的能力。

4 岁那年，我们家搬到了美国，父亲在芝加哥一家医院的地下室工作，专门负责解剖尸体。因为找不到合适的学校，父亲每天上班都会带着我。5 岁那年，我第一次看到父亲解剖尸体。而 6 岁的时候，他递给我一把骨锯，让我帮忙。我猜他想告诉我的是：一个男人需要为家庭而付出。

这就是我当时的感悟：自己搞定它。

我的父母来自印度，母亲是一名护士，他们结婚后移居伦敦，并在那里生下了我。因为希望给我们兄弟俩更好的生活，母亲独自在芝加哥打拼了一年，直到她和父亲最终存够了我们一家人团聚的钱。

我们抵达芝加哥的那天，父亲从机场打了辆出租车，离目的地还有几英里的时候，他却突然要求司机停下来。我们卸下所有行李开始步行。我和哥哥一头雾水，父亲却把这事儿讲得像是一次伟大的探险：徒步游览这座城市。但事实是，他手头的钱已不够付车费了。我们不得不扛着大包小包步行。一个刚刚来到陌生国度的父亲，带着两个小男孩，兜里空空如也。

搞定它，这是我学到的。

直到今天，父亲仍具备那种本能，无论什么情况下，都对自己充满信心。他把这种本能传给了我。他出身卑微，但从不乞求他人帮助，他知道能靠自己实现目标，一位十足的统治者。

选择野蛮进化，意味着有勇气说："这是我的目标，如果做错了，我会改变方法，但我永远会保持良好的状态。"你无法控制或预知前进道路上的每一个变数，你控制的只有自己的反应，以及驾驭不可控事物的能力。无论发生什么，你都有搞定它的智慧和能力，从而实现最初的目标。

我说"搞定它"，不是让你花一个礼拜，向所有人征求意见再行动。我的意思是本能地听从内心，"就这么干！"然后立即动手。

当然，我们没法始终做到百分百的精确和成功，本能无法识别细节问题，它只能激发你采取行动的技能，因此，依靠本能完全可能做出错误的决定。

举个例子：2012年NBA总决赛第4场，全场比赛时间还剩17秒，进攻时间还剩5秒，雷霆落后3分，拉塞尔·韦斯特布鲁克对迈阿密的马里奥·查莫斯故意犯规。你得考虑到他还年轻，想的只是17秒比赛剩余时间，而没去想5秒的进攻时间。查莫斯于是得到两次罚球机会，帮助迈阿密实现了5分的领先优势，雷霆最终输掉了比赛。如果韦斯特布鲁克事先想一想，就不会去犯这样的错，但他的本能告诉他必须犯规。

韦斯特布鲁克的确犯错了，但他的瞬间的反应说明了他是怎样的一个球员，长期来看，他会从中受益：如果你因为恐惧而不敢采取行动，选择等待和犹豫，就注定会失败。正如伟大的曲棍球手韦恩·格雷茨基所言："不射门，就会百分百会错过破门的机会。"

统治者的真正标志是什么？事情搞砸，他不会有压力；犯了错，他勇于承认。被动者犯错时，会找出一堆理由却给不出对策；掌控者犯错时，会指责别人；而统治者犯错时，他会看着你的眼睛说："我他妈搞砸了。"

自信，简单，真实，不解释。犯了错？没问题，别花一个小时跟别人解释。事实就是一句话，长话短说。告诉别人是你把事情搞砸的，你愿承担责任。这样你才能赢得别人的信任。一旦你开始跟找各种理由为自己开脱，别人就知道你还有所隐藏，根本没打算承担责任。大家都省点时间吧，你搞砸的就是你搞砸的。说出来，你就能迅速缓解压力。"伙计，我搞砸了。"好吧，既然如此，现在着手解决。不先承认问题，你就永远没法解决。

大多数人以为承认错误会带来更多压力，因为他们会受到责怪。错，说出"是我的错"是遏制压力的最佳办法。从那一刻开始你只剩一个目标：解决问题。继续掩盖错误或推脱责任，你的负担将越来越重：事实总会暴露，何苦自找罪受？是你搞砸的，承认吧。

如果你将事情搞砸，统治者会当着你的面批评你。对于批判和责难，他们早已习以为常，因此希望你也一样。你或许会感觉这是一种针对你的攻击，但对他们来说，这是在共同想办法突围。他们极为自信，即使情况不妙也能从容面对。他们知道自己能扭转局势，毫无问题。

我犯过很多错误，而且还会犯得更多，但我从不认为犯错就是失败。**不承认错误，不想办法解决问题，一心想着把别人卷进来，为自己找**

借口开脱，那才是失败。一旦开始责怪别人，便是在承认自己无法掌控局势。缺乏掌控力，你自然拿不出对策。

你肯定有无法掌控局势的时候，但你必须靠自己找到让一切重回正轨的方法，否则局势将被外部压力所支配。为了走向成功，你必须为自己制造压力，而不是让别人施加压力给你。保持自信，相信自己能应对一切。

能自嘲，看轻每一次挫折，那便是自信。当别人说一些你不想听的话，你感到气急败坏，哪怕只是一瞬间，也是不自信的表现。自信，就不会在意别人的想法。认真对待自己的错误时仍能谈笑风生，因为你知道下次一定会做得更好。统治者始终自信，知道自己能把一切处理妥当。接受错误，继续前行。

如果我辛辛苦苦训练一名球员，而他却打了一场糟糕的比赛，我不会责怪他。尽管所有人都在对他冷嘲热讽，而我唯一关心的是，我们某个训练环节是否影响了他的投篮？那才是我的工作。我感受到了压力，必须确保他不会再打出一场那样的比赛。耸耸肩膀很容易，所有人都做得到，但如果你想做到最好，就绝不能奢侈到对自己的糟糕表现毫不在乎。面对问题，解决问题，为下次做得更好做准备。

有人问我，球员比赛时我是否紧张？我的球员做打出一场愚蠢的比赛，我当然紧张，因为我必须问自己：是否哪个训练环节出错了？或许还有些问题我没有弄清楚。我曾对某位球员说，我们必须检查一下他的眼睛。

“为什么？”他问，“我的视力好得很。”

伙计，去检查一下你那双该死的眼睛吧。你这个赛季失误了那么多次，我只想知道是我对你的训练有问题，还是你自己眼神不好使。如果是我的错，我将立即采取应对策略。

和科比合作时，我们尝试了许多新方法。他对训练十分投入，我们有充分的时间和自由来尝试各种不同的想法。如果在我们做完某项新训练后，他的下一场比赛却乏善可陈，我会给自己压力，思考应该如何调整训练。我不会把责任推到科比头上，我得问自己：是不是哪个训练环节影响了他的投篮？我得弥补失误。这是我的责任，不是他的。

季后赛期间，韦德在我的指导下，短时间内做了大量的训练，而我们根本没机会测试一下他的身体反应。训练后，他身上某些原本松弛的肌肉突然再次变得强劲有力，脚步移动更快，动作更优雅，也更具爆发力。身体突然间加快了许多，那么他对时间的判断也得跟上。但我忘了和他解释这一点。于是总决赛第三场，他的每次加速都失误频频，因为他没判断准时间。“该死的，我没提醒他那一点！”

99.9% 的观众不会察觉到这一点，但对我来说，这是我搞砸的。在别人看来，这可能不算什么大事，但于我而言，它就是大事，我漏掉了重要的东西。没错，他打了一场漂亮的比赛，帮助迈阿密最终获胜，但他本来还能表现更出色。

我完全可以对此避而不谈，因为他根本没意识到发生了什么，以为不过是自己的失误。但这是我的失误，赛后我立即对他如实相告。

那就是工作中的内部压力，针对某些别人根本不会注意到的细节自我施压，迫使自己把它处理到完美。并不是非得那样做不可，只是因为我想要那样做。

把事情搞砸后，有勇于承认的自信，人们会因此尊重你。

既然做了，就要承担后果；既然说了，就要言出必行。不仅仅是犯下的错误，我们所做的一切决定都应如此。你得全心全意去捍卫自己的荣誉。如果你想让自己的意见有价值，就必须说到做到。有两样东西你永远不能让任何人夺走：一是名誉，二是勇气。你必须保持对自己一切言行负责的压力。

成熟、经验、实践，你受过的训练越多，经历得越多，就越能适应形势。经验能让你更深入理解不同情况之间的微妙差别，而这种细节别人根本难以察觉。我说的不是刻板地挪用一大堆法则，化某个人的思想为己用，你要将自己的所学所能，加上别人的传授，整合成属于自己的一套信仰。不要等别人给你指路，要自己树立目标。

年轻时，我们一味求快，等到渐渐成熟，才学会视情形调整速度，知道何时该减速，何时该冲刺。我给球员们举过这个例子：两头公牛站在山顶，望着山脚下田野里的一群母牛。小公牛迫不及待地说："快，我们冲下去逮几头母牛！"老公牛则慢悠悠地说，"不，我们走下去，把她们全都逮住。"你依靠的是本能，并非冲动。

最成功的人，都能够本能地对事情做出迅速反应。他们不会来回折腾，不会多看几段录像、多开几个会，甚至开会讨论这个会该怎么开，抑或因为一些鸡毛蒜皮的事迟迟不作决定。几年前，我和一位球员一起替某NBA赞助商举办少年篮球训练营。他们希望有500名孩子参加，结果来了2 000人。人们开始紧张：没有足够的席位，没足够的空间容纳所有人，究竟怎么回事，该怪谁……停，给我十分钟。我丢开原计划，重新设计方案。肯定总有人没法适应，坚持原来那个失败的计划，嘴里嘟囔着："可是……可是……我们原来计划是这样那样还有……"行了，我们现在要这样做。没得商量，就这么定了。

这就是统治者，对恐慌和抱怨视而不见，把问题收拾妥当就行。

掌控者能调整自己以适应形势，统治者则调整形势来适应自己。掌控者必须知道自己该做什么，统治者则无需如此，他从不愿被原定计划所限。他会先了解一下原计划，感觉合适才会遵从，然而他的技能和直觉太过强大，以至于在执行过程中通常都会有一些情不自禁的即兴发挥。他做事只是顺其自然，任其本能将他带到任何地方。那就是我们所说的统治者。

第九章

暗斗：抓住弱点，直接进攻

被动者完成任务后需要别人给予鼓励

掌控者完成任务后会自我鼓励

统治者只管完成任务，那是他的职责

对统治者而言，每一场比赛都意义非凡。无论是季前赛、全明星赛还是被淘汰出局后走过场的比赛，统治者总是全力以赴。

2012 年全明星赛火星四溅。韦德撞破了科比的鼻子，并导致后者轻微脑震荡。如果是常规赛，球员受伤很正常，但这是全明星赛，人们认为韦德太胡来了。

但这就是统治者的作风：看准形势，启动杀手本能，进攻。没什么可怨恨的。

中场休息，科比被一群工作人员团团包围。他几乎无力动弹，鼻子流血，脑袋发晕，但科比拒绝送医。为什么？他还想盯防韦德。

最后科比还是被送到了医院，韦德第二天也道了歉，这事也就过去了。但两名统治者之间的竞争往往会持续数年。表面上他们可以和平相处，但在内心深处，有些事情绝不会宽恕，也绝不会遗忘。

这就是统治者的竞争方式：情愿自己遭罪，也要给对方一点苦头吃，并且他们会逼着别人也那样做。

不是每个人都能做到这一点。我有个尚未被证伪的理论：身高超过 2.08 米的球员受不得尖锐的批评。而身高不足 2.05 的球员则能够承受所有压力。只要超过这个身高，便容易情绪失控。这种现象的原因在于：异于常人的身高会让球员从小被人当怪物看，因此他们会变得敏感。他们太多愁善感。在赛场上，他们能够成为伟大的杀手，但也常常需要别人鼓励，帮助他们提升自信。小个子们呢？他们可以坦然面对任何人的批评，始终保持前进的方向。

我提这点，是为了说明：面对苛责，不同人会有不同的反应。

伟大的公牛王朝时期，有一年总决赛，斯科蒂·皮蓬想燃起卢克·朗利的斗志。赛前所有球员聚在一起时，皮蓬对他说："好好打一场比赛 (Bring your A game)。"

卢克还没能来得及回应，乔丹回过头来："好好打一场比赛？打好比赛就行（Bring your A game？ Bring a game)。"

卢克蔫了，整场比赛连出手的自信都没有，洗洗睡吧。

乔丹不屑于处理队友的心理问题。他有着无穷的天赋，但不懂体会别人的感受。他只管激情四射地去进攻、去征服，做自己分内之事，并希望身边每个人都如此。

每一天，公牛队的球员都对训练感到极度紧张，因为他们不得不应付 23 号和他那张出了名的大嘴。乔丹紧紧地盯着每一个人，找各种方法刺激他们，不停地压迫、质问、辱骂，逼他们更加卖力。

某年季后赛，一场激烈的比赛第二天，球队正准备开始训练，乔丹发现少了一个人。"布利尔死哪儿去了？！"他吼道。

斯科特·布利尔，顶多是个板凳球员，正趴在训练室里接受按摩。乔丹冲进去，一把拖过按摩床，把他狠狠地摔在地上。

“我昨晚他妈48分钟打满全场！”迈克尔咆哮说，“浑身疼痛，而你他妈腿抽筋了？马上给我滚回去训练！”

要么跟上我的脚步，要么滚蛋。

作为领导者，你必须让其他人的步调与自己一致，否则一切都会轰然倒塌。统治者永远无法容忍不思进取的人。他不会降低自己的标准去适应其他人，拍着后背哄他们，说什么希望大家共同进步。他只会站出来，用自己的行动为他人树立榜样。

很多人不愿站在聚光灯下，因为一旦你显露出自己的能力，就要背负很高的期望。没人意识到你的能力时，别人的期望值很低，你做任何事都会被视为英雄。

如果你甘于平凡的话，那的确是一条更轻松的路。

许多有天赋的人会刻意有所保留，缩小别人和自己的差距。这样能让周围的人保持自信，更有参与感。

科比在迫不得已的时候也这样做过，为的是带动队友积极参与行动。一旦他发现队友们跟上了，就又会回到自己的比赛节奏。这是刻意而为，为了让其他球员感觉到他们是一个团队，不是一群二流的配角围着一个统治者。

乔丹的做法则相反，他会直接告诉你：你就是我的配角。

他的意思明确而冷酷：听着，我不会去降低自己的竞技水准，让你们显得优秀一些，你们得提升自己的水平来跟上我。他不会轻易将表现机会让给你，除非你能证明自己担得起这份责任。

熟悉公牛王朝的球迷应该见过这一幕：帕克森罚球线得球，击地传给一侧的乔丹，乔丹再传给卡特莱特，后者投篮未能命中。第二次进攻还是一样，帕克森罚球线得球，击地传给一侧的乔丹，乔丹再传给卡特莱特，后者投篮仍然没有命中。

好了，卡特莱特，已经给了你两次出手的机会，本场比赛你到此为止。接下来我要做自己该做的事了。

比赛中，乔丹会观察每个队友的状态。他从不在场上露出焦虑的样子，他只会说："今晚你们不在状态？没问题，我替你们四个打。撑到第四节，剩下的交给我。"结果他的表现会带动整支球队，仿佛那就是比赛的原本计划。

球星因为队友不在状态而变得情绪化，只会导致全队崩溃。正如我们之前所说，情绪化使人脆弱，那种负能量具有彻底的破坏力。

乔丹从不会在赛场上有情绪。他始终保持着积极心态，享受比赛的乐趣。赛后他会找你算账，但比赛时，一旦进入白热空间，他便只有拿下比赛的念头。

罗德曼在1995年从马刺转会到公牛前，时不时会故意缺席一场比赛，每次马刺都输了球。他的意思很明显：马刺没我赢不了。因此到了芝加哥，终于有一回罗德曼因脚踹摄影师而被禁赛十一场。他迫不及待地想要证明公牛没了他同样也赢不了。

是吗？你觉得乔丹的球队也是这样？

罗德曼缺席的每场比赛，乔丹和皮蓬都像是打总决赛一样玩命。乔丹绝不会给罗德曼半点机会。他用行动当面告诉罗德曼：你省省吧，没你我们照样赢，跟上我的步伐。

乔丹知道谁可以信任。他喜欢史蒂夫·科尔，因为科尔跟得上他。

在那场著名的训练营混战中，科尔起初没领会乔丹的话，乔丹和他爆发争吵，甚至给了他脸上一拳。“这是我经历过最有意义的事情之一，”事隔多年，科尔这样说道，“我得坚持住，回去继续支援他。我认为我赢得了几分尊重。”

他是对的。训练一结束，乔丹便向他道了歉。那一刻起，乔丹知道他们能够并肩作战。

谁也想不到，乔丹最信任的球员是科尔。在公牛，他是掌控者；离开公牛队后，他成了统治者。无论是在马刺队再摘两枚总冠军戒指，当直播间的主持人，还是在回归电视业之前短暂出任菲尼克斯太阳队总经理，他都做得出类拔萃。一旦乔丹意识到自己在下一场比赛中会遇到麻烦，需要做个调整时，他都会找到科尔：“史蒂夫，准备好。”

不是皮蓬，不是霍雷斯，也不是库科奇，迈克尔只信任科尔。

统治者决定掌控者做什么。除非统治者认为只有那样才能赢球，否则他不会让掌控者顶替自己的位置。除非乔丹下令，科尔绝不会有出手绝杀的机会。而如果科尔失手了，也绝不会再有第二次机会。

人们喜欢拿乔丹与魔术师作比较。魔术师会在场上找卡里姆，乔丹则不会找任何人。他常常在赛季开始前告诉自己的队友：我只会给你传一次球，如果你拿球后无所贡献的话，我不会再给你传第二次。或许我会打铁，但我不需要你来帮我投。你只有一次机会，所以最好把握住。

当统治者给你安排任务时，你最好准备充分。无论你在直播间、篮球场还是别的什么地方，总会突然有人指着你说："就是你了。"或许只是一分钟的机会，又或许是10分钟、一星期、一个月，你的表现将决定你将何去何从。总会有别的人不小心掉队，比如打不好球，或训练不努力，这是上天赐给你的机会。你会胸有成竹地顶上去，让人感觉那活本来就该归你吗？你是否能一直保持敏锐和专注？只有你的表现足够出色，给人留下深刻印象，你才能入人法眼。让老大知道你可以替他挑担子，你能成为他弹药库里的新武器。机会只有一次，如果你没抓紧，另一个家伙会得到它。

统治者会明确告诉对方自己的要求。2012年湖人季前赛时，有一回德怀特·霍华德告诉科比自己感觉很好，背上的伤已经差不多好了85%。“不错，”科比说，“等你百分百痊愈了再说，努力夺枚总冠军戒指吧。再见。”

要么跟上我的脚步，要么滚出我的视野，别说什么85%。

乔丹迫使每位队友变得更出色、更努力、更强硬，任何时候都胸有成竹。等到他们不再与乔丹做队友，每个人都已成就一段无法复制的职业生涯。

乔丹说，你无需喜欢过程，但你会爱上结果。

他的队友们确实不喜欢过程，但所有人都提升了竞技状态，变得更加优秀。即便是从未上过场的球员，也在乔丹的影响下变得更强了。他把每个人的压力都放到了自己身上。

因为乔丹退役，或者因为自己转会，等他们不得不独自应付比赛时，无论是从身体上还是心理上，几乎所有人都已达到了炉火纯青的境界。看晚期公牛时代的比赛，你一定会惊讶：“这不是在开玩笑吧，这群家伙打了鸡血了？”而签下前公牛队员的球队会突然间醒悟：“这家伙才花了我们那几个钱？真是赚翻了！”

是乔丹帮助他们实现了飞跃。没有乔丹，就没人会对他们委以重任，要求他们超越自己。那群幸运儿当中，有人在其他领域延续着辉煌的职业生涯，比如史蒂夫·科尔和约翰·帕克森，但大多数人都无法保持与乔丹一起打球时的那种水准。

但千万别被骗了：真正的统治者绝不会为了帮你而帮你。如果你能从中学到些什么，他会替你高兴，但所有的一切他都是为了自己。他惟一的目标就是将你放到正确的位置上去，以便你能发挥他想要的作用。

回顾热火2012年度总决赛。人们总是对詹姆斯最后时刻的出色表现津津乐道，但如果不是韦德把他放到那个位置，这一幕永远不会发生。记住，掌控者可以投致胜一球，但需要统治者将他带入状态，确保球在最恰当的时机给到他手中。那就是对韦德和詹姆斯的完整解读。正如乔丹与队友之间的关系：统治者决定掌控者做什么。韦德知道，自己必须在整个决赛期间有所保留，以便让詹姆斯提升状态。那就是统治者的精巧布局：如果我这样做，他就会那样做，最终我们一起赢。韦德的计划更是天才手笔，他拖着严重受损的膝盖在比赛,所有动作都做不出来。于是他把其他人放到合适的位置，替自己实现目标。于是任务胜利完成。

你无需质疑方法，只需追求结果。

韦德是热火的灵魂，詹姆斯则扮演了自己的角色。最恰当的比喻：韦德就像一头雄狮，詹姆斯则像一头小狮子。小狮子知道，无论自己做什么，总会有爸爸在身旁。当爸爸需要保护家庭的时候，他会全力以赴，小狮子只需安安分分地做好自己该做的就行。你若将韦德从球队剔除，惹火便没法赢得冠军。无论詹姆斯球技多么精湛，缺了韦德的领导，2012年的热火将成为另一支阵容豪华却从未带上过总冠军戒指的球队。

韦德永远不会对此提半句，他认为那是自己的职责。一个卓越的领导者知道，提升他人表现的最好办法，就是让他做自己擅长的事，而不是你想要他做的事。只要具备相应的能力和信心，统治者从不介意别人和自己一道登上顶峰。随着詹姆斯朝球队领袖迈进，总有一天他能担起统治者的角色。

我们不可能在每个领域都做到最好，所以我们要敢于尝试。

> 1984 年 NBA 选秀前，波特兰开拓者打电话给美国奥运篮球队教练鲍勃·奈特，问他首轮选秀第二位该选谁。所有人都知道休斯敦首轮将选哈基姆·奥拉朱旺，但波特兰开拓者队不知道应该选山姆·鲍威还是迈克尔·乔丹。
>
> “选乔丹。”奈特说。
>
> “好吧，”波特兰说，“可我们需要一个中锋。”
>
> “让他打中锋。”奈特回答。

乔丹或许也能打好中锋，但多数人不是那样。你必须观察自己的队友或员工，观察他们擅长什么，而不是观察他们不擅长什么。人们在评价别人时总爱看消极的一面：“他不会做这个，不会做那个。”

那他会做什么？已经知道他不擅长的事情，那就把他会做的事情找出来吧。天生我材必有用，但不是每个人都能发现自己的才能。有时候你能自我觉醒，有时候则需要别人提点。同时，你也有天生的缺陷。

人生的挑战，就是要用自己的能力去弥补自己的缺陷。就像眼睛不好使的人通常听觉灵敏，这完全是求生本能：某些方面有缺陷的人在其他方面异常出众。无数运动员有着令人难以置信的身高、技巧、力量、速度，但却没有职业道德，没有团队精神，从而无法充分利用自身的优势。成功者会努力弥补自己的缺陷，失败者则只会寻找借口，责怪他人。真正的领导者能审视别人的缺陷和能力，将每个人的潜能发掘到极致。

- 被动者不知道会发生什么；
- 掌控者看着事情发生；
- 统治者促使事情发生。

某年季后赛，我和一名球员就此进行了深入的探讨。他对自己的球队很失望，一想到队友们不足的地方，他就沮丧不已。一个领域里的佼佼者通常很难理解为什么其他人没法达到自己的水平。他们或许很努力，但就是没法做到那样出色。如果不处理好这个问题，它会拖垮任何一个靠几位精英率领的团队。

我们谈到了每个球员的强项而非弱项。我告诉他：**球队领袖的职责就是发掘球员们的才能，并将他们放到最合适的位置上去**。这名球员或许注意力不够集中，那名球员无法在压力状态下得分；这名球员在常规赛表现得很出色，但到了季后赛，突然降到了 NBDL 的水平。不用把他们放在关键位置，只需利用他们的强项，你掌控局势，令事情朝有利的方向发展。

“由于你太强大，你的不认可会彻底摧毁他们的自信。你的想法和他们完全在不同的层次，所以你忽略了自己对别人的影响。如果你发脾气，他们一下子就蔫了。我知道你在乎那些家伙，但你得让他们感觉到你是在帮助他们，而非敌视。”

“我没敌视他们。”

不，你有。你跟别人交谈时，说完自己的观点就转身离开，根本不给对方解释的机会。你必须观察别人的反应，他是羞愧还是愤怒？你是在激励他还是打击他？一旦他们感觉你不信任他们，你也没法赢得他们的信任。

他懂了。第二场比赛，他在半场休息时逐一与队友打气，拍拍他们的屁股以示鼓励。为了成功，有时候你必须那样做。

而然，任何统治者都很难抵挡靠单打独斗搞定一切的诱惑。科比每场比赛要得 30 至 40 分，一旦你要求他考虑一下其他球员的参与感，他的比赛状态就将受到影响。带领球队的确是他的责任，但他最主要的关注点不是其他球员能得几分。那些家伙得自己跟上来。记住，当统治者给你机会时，就全力以赴。一旦搞砸，他便不会再要你做任何事。

对统治者而言，一切靠自己要容易得多。即便与船一起下沉，他也得确信自己是那位船长。

统治者的任务是掌控局面，为实现目标制定策略。如果你是某些任务的负责人，你最好能圆满实现既定目标。如果出现失误，你必须迅速挽回局面，让所有人恢复状态。一切全得靠你。

但作为统治者，你还得让其他人的前进方向与你保持一致。有时候，有必要让部落中的每个人都去体验一番当首领的滋味，这样他们才能体会到其中的复杂性：从整体大局而非自己的狭窄视野里去认识眼前发生的一切。当你告诉他们，带领团队的每一处细节都得由他们自己去处理，多数人会退缩：“噢，不用了，谢谢。”待在原来的位置更轻松，安全又舒适。

教练最能体会那种感觉，他们不仅得搞定球员，还得管好球员的首领。好教练都明白：要给统治者足够的空间。那些不想放弃绝对控制权的教练，最终连饭碗都保不住。统治者球员需要统治者教练，他们会理解并尊重彼此的做法。统治者从不出卖彼此，只会提醒对方管好自己的事。

菲尔·杰克逊与乔丹相处的原则是：你尊重我的工作，我也尊重你的。打好比赛，然后好好享受你自己的时光。菲尔从不刻意与球员建立友谊，他将他们放到能帮他们成功的地方，绝不勉强任何球员做能力范围以外的事情。他并非一个精于算计的教练，做事全凭本能，对比赛的判断全靠直觉，根据球员个性来安排他们比赛中的角色。

另一名统治者教练帕特·莱利也只在乎结果。你必须按他的要求做，否则他会逼你按照他的要求做。有段时间人们传得沸沸扬扬，如果埃里克·斯波尔斯特拉不能带领热火夺取总冠军，莱利会亲自上场接过教鞭。球员们为此整天担心受怕。斯波尔斯特拉的训练严厉归严厉，还不至于像莱利这种求胜心切的铁血教头那样惨无人道。对付学徒比对付师父毕竟要容易得多。

道格·柯林斯是最精于计算的教练，他能预见三场比赛之后的事情。他布置的战术，当时看似毫无意义，但随着形势渐渐明朗，便开始显得意义非凡。他对篮球的理解极为透彻，但有时他会忘记不是每个人都能做到和他一样。像莱利、范甘迪、汤姆·锡伯杜之类的教练，他们会帮球队分析形势，然后给球员下达任务。有些天价巨星就是不愿按要求去做，于是两者便出现摩擦。你要求明星球员先打3小时练习赛，再投2小时篮，用不了多久他们就会失去耐心。你可以勉强搞定年轻球员，但那些早已功成名就的老队员不会轻易买你的账。你最好能带他们拿到冠军，否则你就得卷铺盖走人。

我和迈克·沙舍夫斯基的关系很好，我们常在一起探讨篮球。他最擅长将不同球员纳入自己的体系。这个家伙是打中锋的料，那家伙篮球智商极高，这家伙有出色的跳投。他把他们凑成一个出色的团队。球队并不总是需要最有天赋的球员，但他知道什么样的球员对自己有用。他发掘球员的潜能，把他们放在最恰当的位置。这就是他打造美国奥运梦之队的秘诀。当你手下有一打巨星时，你得想办法把他们放在需要的地方，而不只是他们想要的地方。而约翰·卡利帕里则反其道而行，他招揽最优秀的球员，然后就撒手不管。这两种执教风格殊途同归，都是为了赢得比赛，只是后者更多依赖球员的能力去取胜，而非通过大量的训练和教导。

无论打造体育团队还是商业团队，无论有多么高超的管理技巧，你都需要一个始终斗志昂扬的家伙。他受人尊敬，要求别人都能达到他的水准。他无需是团队中最有天赋的人，但他能为所有人树立榜样。

点燃别人的惟一办法就是先点燃自己的内心，做到专业、冷静、专注。如果你打了一场糟糕的比赛，直到第二天还不能恢复状态，那么你将拖累所有人。有职业精神的人，从不会因为个人问题对团体造成不利。如果你需要进入状态，就得想想办法：或许你根本不喜欢自己的队友，但如果你的出现能让他们精神振奋，凝聚整支队伍，导致球队更好的化学反应，你就朝自己的目标又迈近了一步。让别人跟上你的方法就是：告诉他们标准，为他们树立榜样，带他们实现目标。

要么选择，要么被选择

被动者手指骨折，希望多休息一段时间

掌控者手指骨折，自己决定什么时候复出

统治者手指骨折，会在队医阻止他上场之前把手指砍掉

你绝不会听到我说这三点：内在驱动力、激情或杯子半满还是半空。因为它们都可以被翻译成“光说不练”。

“内在驱动力”是什么？只会胡思乱想，从不脚踏实地。除非把你的想法付诸行动，否则你脑子里的东西一无是处。只在心里驱动有何意义？想要的结果又在哪里？鼓吹内在驱动力的人想法一大堆，废话一箩筐，却拿不出半个摸得着的成果。那就是内在驱动力。

“激情”指对某事或某人的一种强烈感觉或情绪。很好，但是然后呢？不打算做点什么吗？我爱听励志演说家告诉人们去“追求激情”，用激情成就卓越，用激情要求做最好的自己。我去。

但我最恨的是针对玻璃杯是半空还是半满的狗屁辩论。

这纯粹是个伪命题。你的杯子里要么有，要么没有。如果你喜欢杯中之物，那就装满它。不喜欢，就把它清空，找其他的东西重新装入。否则，你只会盯着那个根本不存在的玻璃杯优柔寡断。

一旦开始分析半空或半满，你又陷入了一场漫长而无聊的争论，你根本没有任何决策能力。你需要相信自己，敢于决策。

每一分钟，每一小时，每一天，当你干坐着想办法时，别人已经开始行动；当你还在纠结该坐车还是坐船，向东还是向西时，别人已经到达了目的地；当你被过度思考和过度分析折磨得筋疲力尽时，别人已经凭借直觉，把你打得毫无还手之力。

主动做选择，否则别人会替你选。

大多数人讨厌决策，喜欢提建议。事情成了，该沾的光他们一点不会少沾；但如果出了问题，他们就把责任推得一干二净。

统治者所有事情都自己做决定，绝不可能让别人替他拿主意。他可能会问问别人意见，但会选择性吸收。他遵循自己的本能，一旦做出决定就绝不会改变。他不会在意别人的评价，一切用结果来衡量。

一旦决定，立即行动。

被动者有一个优点：给个理由，他们就愿意重新审视自己的决定。

统治者则只会对你说：滚开。

你可以对某个问题浪费一辈子时间反复斟酌。“一方面……另一方面……第三个方面……”

停，凡事只有两方面，而且已经嫌多了。

有人说凡事都要积极思考，有人说凡事都要做好最坏的打算。积极思考者要你尽可能去想象自己的成功，而消极的思考者则要你关注任何可能出问题的点。太多“专家”靠这个赚得盆满钵满，但别来影响我的球员。想并不能让梦想成真，反复考虑问题也只会无谓地制造恐惧。你要用条件反射和直觉本能武装自己，而不是靠赞安诺（一种镇静剂。——译者注）。

我从来不说“我们遇到了麻烦”。有时候会出现需要处理的局面和问题，但绝不会有麻烦。何必非要把某些事物分出消极和积极来呢？

本能不懂积极还是消极。如果你做好了应对一切的准备，便不会去想形势的优劣。你脑中的是一幅完整图景，替自己准备好一切，然后行动。你无需 100 个人来当后盾，充分的前期准备和强大的本能是你的最大底牌。

你突然间有了一个绝妙的主意，但当你讲给别人听时，他们却一脸茫然地盯着你。脑袋里装的还是那个注意，但本来欣喜若狂的你，此刻却心灰意冷。

别想了。

既然已经有了主意，为何还要纠结，陷入软弱的猜测？你是信别人，还是信自己的本能？你请教的那些人是智慧超群的哲人，还是根本是一群失败者？一旦犹豫不决，你便会开始“明天再说”或者“先把它搁在靠后的那个炉子上”之类的蠢话，而真正的意思无非是“我不敢自己做决定”。靠后的炉子？那是用来冷却的。你冷却了一个火热的主意，然后将它忘得一干二净。你永远不会知道，自己曾经离成功有多近。

说到蠢话，这儿还有一句：“好东西总是留给那些能等待的人。“

错，好东西总是留给能行动的人。凡事不能仓促，追求速度而不是马虎，但你必须努力朝结果迈进，而不能只是坐等事情发生。你没法等。周一没解决的问题周二仍会在那儿等你，这样就有了两个麻烦，而周二你仍然没有解决，拖到周三就变成了三个。很快，你被自己欠的债压得喘不过气，身心俱疲，几乎瘫痪。

另一方面，当你因为害怕犯错而畏手畏脚时，别人却在各种各样的错误中汲取经验教训，一边朝自己的目标不断前进，一边笑话着你的软弱。

而最后做决定时，你几乎总是回到最初的选择。其实答案早已在你心中，为何不第一时间相信自己的感觉?

你不能期待别人来为你实现梦想。他们有自己的梦想，才不会在乎你。别人或许愿意主动帮你，把最优秀的人网罗到身边，了解自己的强项和弱项，和别人共同成就事业，但最终你还得靠自己。制定计划，付出行动。

任何计划都源自一个简单的想法。一切主意、创造和发明都可以只是想想而已，但也可以制定出一个能实现它的计划。你有多少时间?打算投入多少时间?你会全力以赴，还是把它排在其他计划之后?制定一个真实反应自己目标和兴趣的计划，明一周只能做 3 次的训练，就不要让它排满你的每一天，那样你才能真正完成它。

选择了就得坚持。

这很难，大多数人喜欢“到时候再看”。得了吧，其实你已经知道结果了，如果你总是想得太多，任何计划都会泡汤。人们在跳入水中之前习惯先“试试水”。有什么好试的?除非水里潜伏着鳄鱼，否则冒险一跳还能糟糕到哪儿去?最多弄湿衣服而已。统治者会耸耸肩:“就当游个泳。”大多数人则站在岸边瑟瑟发抖。

不会游泳?行，告诉我你会什么，别站在水边自怨自艾。不会游泳，就去别的领域寻求成功。随大流不会让你变得无人能挡，做自己真正擅长的事才有可能。

你肯定认识那些看似无所不能的人。今天他是博客写手、词曲作者、励志大师，而昨天他还是网球教练或寿司主厨。而周末，他忙着组装一辆 1955 年产的玛莎拉蒂。和他比，你感觉自己这辈子简直一事无成。但听多了，你会发现他做过的事很多，做成的却一件没有。要我说，那种人唯一擅长的就是让自己忙得焦头烂额。

我喜欢听人们说："我只管做这个。"

问科比他做什么，他会回答"我给数字"。

数字？

"没错，我拿过 81 分，我贡献过 3 双，我也拿过 61 分……"人们总是黑他不喜欢传球，但他的任务就是得分，给出那些数字。

我常常会说："为了把你的优势发挥到极致，我希望在这方面把你打造得无人能及。你可以在其他方面保持中等或偏上水平，但当教练在这方面需要担当重任的人时，你永远是首选。"

多数人都想无所不能，但这样恰恰从根本上削弱了他们的能力。如果不擅长三分球，那就别去投。成为某方面的专家才能让你名利双收：出现某个问题，你是他们唯一想要的人。

多年前，我和乔丹一道造访 FBI 的一处训练机构，那儿有一个打靶场。有个家伙独自在那儿练习，一遍又一遍。靶子在 400 码（约 336 米）开外，这相当于四个足球场的长度。他甚至得开着车过去，将靶竖好，然后再开车返回，举起枪，对准靶心，砰！

我们几乎听不到子弹是否击中目标。我们随他开车过去看靶，发现子弹正中靶心。能中靶已经够神奇了，但400码（约366米）的距离，他射中靶心。

乔丹问他有多少人在那儿练习枪法。他说："就我一个。"除非有我们这样的来访者，否则他都是独自一人在那儿。因此，当需要神枪手时，上级一定会找他。没人知道这家伙是怎么练习的，但人们知道他一定会圆满完成任务。

先了解自己擅长做什么，然后再去做，并超越所有人。

所有工作都应围绕你最擅长的事情展开。篮球打得好，并不代表你同时能去开餐馆、卖汽车或者做运动服品牌。既然比尔·盖茨没有做运动服品牌，那么多半你也不应该。

无论当了多久的训练师，我总是对那些不敢挑战自我的职业运动员很失望。你的身体，你的生活，你的青春，决定你的人生只有几年时间去闯。你准备傲气面对万重浪，还是躺在沙滩上抱怨水太凉？

对于运动员而言，最难的就是判断自己对疲劳和伤病的承受能力。究竟能逼自己走多远？打球的人，身上多少有些伤，但如何避免心理受到影响？如果旧伤将伴随你一生，你能否适应它，找到新的出路？

受伤后，有些球员会欣然接受医生停止训练的建议。这是难得的放松机会，怎么能错过？但如果统治者受了伤，则会想方设法继续训练。

你可以听从医嘱，用更漫长同时更保险的方法去恢复，你也可以缩短治疗周期，或许没有长期的安全保证，但能让你尽快重返赛场。这取决于你内心的渴望程度。

如果统治者需要舍弃某个身体部位，才能达到目标，他会毫不犹豫。

缺了某个身体部件，他会想方设法适应。“不就是个手指么，没了它我照样行。”丢一根手指还是丢一个赛季？他选择丢手指。

科比有一根手指完全动不了。普通人会做手术，但这除了能让那根手指朝后掰之外还有什么好处？手术会让他九个月打不了球。

统治者对身体和心理上的伤痛有很强的承受力。这又是一个巨大的挑战：在伤病困扰下测试自己能承担多大压力，能忍受何种痛苦，能打出怎样的比赛。1997 年 NBA 总决赛，乔丹带病出战的英雄事迹流传至今；2012 赛季，科比患重感冒的那场同样人尽皆知。当统治者身体出现一点问题时，你最好小心，因为他已经开启了极限挑战模式。身体不适，他就会调动自己的精神力量打败你。身体或精神上的病痛往往能让人进入白热空间：生存本能被激发，虚弱状态下获得额外的能量进行反击。

关于乔丹那场著名的 FLU GAME，多数人已意识到，他得的并非是感冒，而是食物中毒。就在生病前不久，他从帕克市唯一一家 24 小时营业的餐馆订了份比萨饼，整整 6 个家伙来送餐，我当时就感觉有点不对劲。吃完晚餐不久，他便蜷缩在地板上，痛苦不堪，浑身发抖，我从没见过他病得如此厉害。然而第二天他依旧带领球队获胜并砍下 38 分，成就职业生涯一场标志性的比赛。

他后来说：“这或许是我干过的最艰难的一件事。”

很难想象那天晚上换作别人会是怎样一场灾难。

退役？做手术？放弃梦想？有些决定可以改变你的人生，有些决定则容易得多。

比赛结束，我都会问乔丹：5点，6点，还是7点？我的意思是，明早我们几点到体育馆开练？

他会马上回复我一个时间，不多说一个字，尤其是输了比赛之后，绝不会说自己想休息一个早上。“你没问题吧？”“没问题，明早见。”

第二天早晨，他起床后会发现我已站在门外等他。无论前一晚发生了什么，比赛打得好还是打得差，身体伤痛或者疲乏，当别人还在睡觉时，他已起床训练。

越有天赋，越是成功的球员，越愿意花更多的时间训练，有意思！

科比也对于训练贪得无厌。有时候我们一天去体育馆三次：白天两次，晚上一次。训练技能，解决问题，不断寻找突破。走到了篮球之巅，他已经没有出错的余地。现役球员当中，再也没有人训练比他更刻苦。他对自己的身体投资巨大，让一帮顶级训练师帮他保持巅峰状态。

但科比也是人，这种选择依旧不容易。还是这句话：越有天赋的球员训练越努力。

这是种选择。

科比每次训练90分钟左右，其中有半个小时专门针对手腕、手指和脚踝等一切细节。

琢磨每一个细节，那就是他如此出色的原因。

但训练到了一定时候，他也会盯着我问：“还有多少要练？”我们得承认，训练既艰苦又乏味，篮筐就像悬在1 000

英尺的高空，而你的脚上就像穿了一双铅制的球靴。

但他选择坚持，不把球放入篮筐，所有一切都将烟消云散。那便是选择。

无论你的理想是什么，归根结底，还是这些问题：你是否愿意下决心追逐成功？你会始终坚定不移，还是会在遇到困难时放弃？当所有人都劝你放弃时，你是否会选择继续坚持？痛苦会以各种形式来折磨你，身体上、精神上还有情绪上。你是否想要从中解脱？是否能挺过去，坚守自己的梦想和决定继续前行？这是你的选择，结果完全掌握在你手里。

第十一章

可以不喜欢过程，但对结果上瘾

被动者让你希望少付他一些报酬
掌控者根据报酬高低来决定干多少活
统治者不考虑钱，他知道你会因为能够给他报酬而心存感激

终于迎来了大日子。200 美元的领带打得一丝不苟，妈妈也换上了新裙子，三姑六婆全跑来为你捧场。NBA 总裁站在台上："第十一位是……"全场人欢呼雀跃，第一个拥抱你的是经纪人。

恭喜你，今天开始你的职业生涯正式走向终结。你在想"这辈子终于有着落了"，还是"我还有很多工作要做"？

大多数球员在选秀被选中那天都会出去庆祝，而科比去了体育馆训练。

能从人群中脱颖而出，并不代表你永远优秀。任何行业都一样：得到一份工作不代表你从此衣食无忧；拉到客户不代表对方会永远跟你合作。当机遇降临，你应该更加努力，证明自己配得上所拥有的东西。

运动员在签下合同一夜成名后，很容易就此堕落。

球队签了，球鞋广告也签了，你变得家喻户晓，不再花整个夏天的时间训练，而是满世界去推广自己代理的运动品牌。"朋友"数量暴涨十倍。你不再考虑自己能对比赛有什么贡献，只考虑比赛能为自己带来什么好处。

你收下了别人的馈赠，一切到此结束。

这里举了运动员的例子，其他人同样适用：别人给了你什么？而你最后想得到的是什么？我们总有某些方面受到上天眷顾：要么在某方面天赋异禀，要么含着金汤匀出生，要么遇到贵人，带你上道。重要的是然后呢？你是积极进取，还是封闭自我？

受到上天眷顾，正是挑战的开始。有着疯狂梦想的人，一旦发现机遇，便全力以赴，看自己究竟能够走多远。其他同行想要挤兑我的时候，总会说："这家伙训练的是迈克尔·乔丹，这能有什么难度？"

把世界上最好的球员训练得更加优秀"没什么难度"？请你搞清楚，从平庸提升到优秀不难，但把优秀升华为无人能挡则不那么容易。

统治者法则：当竞争对手抱怨你全凭"运气"时，你这条路就走对了。

任何事都没有捷径，也无关运气。人们总在关键时刻祝福彼此"好运"。错，一切无关运气，我也从不相信运气。决定你成败的只有事实、机会和现状，以及你如何应对这一切。即使买彩票也无关运气，排对就中，排错便中不了。比赛处于紧急关头时，听到别人祝你"好运"，就意味着你并未准备充分。工作面试也无需运气，一切都看你是否已准备好，否则上帝也保佑不了你。事情进展不顺，运气便成为借口；你让运气来决定自己的命运，便注定要失败；所有的一切都押在不确定因素上，你就没法成功。

起点并不重要，重要的是之后的作为，能否让你有资格说："我是靠自己奋斗出来的。"得到上天的眷顾之后，如果你认为从此万事大吉，那么你永远失去了品尝胜利的机会。你站在了无人能挡的反面：自己封死了所有的路。

韦德除了天赋，一无所有，全凭借自己的努力成为全联盟最出色的球员之一。他来自芝加哥一所默默无闻的高中，该校在篮球方面毫无名气，因此他没有被重点大学录取，只能去马奎特。由于学业方面的原因，他甚至没有机会打一年级的比赛。但他知道，想要成为职业球员需要付出很多。于是2003年，他被迈阿密热火选中，继勒布朗·詹姆斯、达科·米利西奇、卡梅罗·安东尼和克里斯·波什之后，位列第5。

“三巨头”当中，德怀恩·韦德是选秀顺位最低的那个。

初到迈阿密，他的头上没有任何光环，也没有户外广告和球鞋代言。他只是一场接一场地比赛。三年后，他赢得了首枚总冠军戒指。这样的成绩，完胜所有选秀顺位比他高的球员。

只有通过付出努力，去获得原本遥不可及的东西你才能理解什么叫野蛮进化。当你接近目标时，它会朝离你更远的地方移动。但你的杀手本能让你持续前进，不断追逐，直到最终将其紧紧握在手中。

有天赋的人能比别人更快地登上顶峰，但它不是你放弃攀上同样高度的借口。面对挑战，多数人没有行动的勇气。但想要成为精英，就必须自己去争取。从每天的每件事做起，去争取，去证明，不怕付出，不怕牺牲。

成功没有捷径。没和猪在烂泥地里打过滚，你就不可能去和大象斗。只有处理过日常生活中鸡零狗碎肮脏下流的琐事，你才能沉着应对后面的大事情。如果一开始就和大象斗，你必败无疑。无论天赋如何了得，你没有基础经验就相当于没有武器和弹药。当那些大象将你团团包围时，你就彻底沦为一个绝望的新手。

一年夏天，大约 50 个球员在阿泰克体育中心训练，既有在 NBA 摸爬滚打多年的老球员，也有即将参加选秀的新人。其中有一个年轻人，家境富裕，出身顶尖篮球大学。他很努力，但从奖学金到奖杯，一切来得太容易，毫不费劲就成了大明星。他希望能在高顺位被选中，但作为一个从未花过一天时间与猪摔跤的菜鸟，根本对现实世界的规则一无所知。

一旦他拿球，所有目光都聚集在他身上。当天所有的球员都只有一个目标：搞死这小子。听起来不大友善，但竞争就是这样。从未经历过那么激烈的比赛，他最终彻底崩溃。当天体育馆共 50 人，他排名第 51。自己准备不足，杂志封面和千万粉丝也没法帮你，多么痛的领悟。

起点高的人永远不明白自己缺乏怎样的基础。从分选信件、打扫餐馆或修理体育馆设备做起的人，才知道事情应该一步一个脚印地去做。等他终于通过努力进阶高层，便会知道一切该从何做起，怎样才会有效，出了问题也不会恐慌。知道攀上顶峰需要付出多少，这种人才会有长久的影响力和职业生涯。从 17 英里处开始出发，你就不能声称自己是在跑马拉松（26 英里 385 码）。

有电梯的时候，就一定不会选择走楼梯。人们放弃减肥，在职场中止步不前，成为职业球员之后不想训练也出自同样的原因：它们实在太辛苦。他们没法应对不适，希望寻找捷径，最终不得不放弃。

没有扎实的基础，乔丹根本无法取得那么辉煌的成就。从学生时代开始，他便一遍又一遍地训练那些最基本动作。他训练并非是为炫技，而是让自己保持稳定的状态。统治者不在乎一时的满足，他们为长期回报而投入。

先问自己这个问题：为了得到真正想要的东西，你需要牺牲什么？社交生活？人际关系？信用卡？自由时间或是睡眠？

然后回答这个问题：你愿意牺牲什么？

如果两份答案清单没有匹配，说明你对结果还不够渴望。

无论做什么，如果只是为了金钱或名声，如果你不愿付出努力并坚守承诺，如果你只满足于一时，我就必须问你，为什么？

不是我蛮不讲理的评判，很多人都这样。他们不想让自己紧张，不想承受压力，不愿牺牲朋友和家人，情绪不好就找理由放纵，能睡多晚就睡多晚。没有担忧、责任和压力，这种品味生活的方式舒服得多。

然而往往是这些人，看到比自己更成功的人就会说："那家伙不就是运气好么，我也做得到，只要……"

得了吧。只要什么？只要投入更多的时间和精力？只要有他那样的勇气？只要愿意付出他那样的代价？

这就是问题所在：你能付出同样的东西，甚至更多。是什么阻挡了你？

即便你不能付出和他一样的东西，又何必非得跟风？为什么不按自己的方法去做？

如果你有同样的机会，却任其溜走，那就别去嫉妒比你成功的人。

努力什么时候需要天赋了？我不在乎你是超级巨星还是饮水机管理员，想要变得更强，就要发挥主观意愿，高度专注。准时到场、努力训练、绝对服从。继续寻找根本不存在的捷径，还是按正确的方法付诸行动？是想要过程轻松，还是硕果累累？

2011 ~ 2012 赛季的第一场比赛，比以往时候来得晚了 2 个月，许多球员纷纷倒下。几乎所有批评都指向了过于密集的赛程，联盟匆匆开赛，留给球员训练的时间十分有限。许多球员身材走样，体能下降，受伤自然难免。多数只能撑上几天或几星期，少数人勉强能撑过整个赛季。

但问题是：为什么球员会身体走样、体能下降、准备不足？

整整数月时间，只是坐等停摆结束？他们不应该干点什么吗？靠身体吃饭，你的职责就只有一个：保持状态。就这么简单，打造自己的身体和球技并加以保持。那需要一整年的坚持，而非一时的心血来潮。你是百里挑一能够打 NBA 的球员，竟然因为联盟停摆而不去训练？谁他妈的在乎停摆不停摆？给我滚回体育馆去！

事实上，NBA 停摆后，大多数球员便放松了训练。他们的理由我听了太多遍：不想花钱请训练师，不想浪费时间和精力准备不知道什么时候才能开始的比赛。

好极了，这下在体育场努力训练的就只剩几名顶级球星了。你不可能在最后一分钟做好应对整个高强度 NBA 赛季的准备，尤其赛季压缩，球员根本得不到充分的休息和恢复。哦，你不知道赛程会被压缩？那又怎样，你应该时刻准备就绪。

有位球员在停摆期间没有偷过一天懒，他就是科比。按他的伤势以及江湖地位来说，科比完全可以趁此机会给自己好好放一个假，但他选择花时间规划、训练、准备，让自己变得更强。所以，当多数球员选择做放松性训练时，我和科比泡在体育馆里苦练了大半个夏天。

圣诞节那天，赛季终于拉开序幕，当别的球员还在寻找投篮感觉时，科比早已在身体和心理上准备就绪。那个赛季他经历了膝伤、腕关节韧带撕裂、鼻子被撞破和轻微脑震荡，但他从未缺席一场比赛。直到4月对阵黄蜂时被踢中胫骨，科比才极不甘心地休息了一阵子，痛失得分王头衔。只有科比自己清楚那个痛苦的历程。他的努力得到了回报，强大的身体让他保持了一个赛季的巅峰。而换作别人，恐怕早已坐到伤病席上。

无论做哪一行，努力无需天赋，只需渴望。太多运动员原本拥有极高的身体天赋，个个人高马大，天生一块打篮球的好料，但最终碌碌无为打了一辈子的球。

他们只是靠身体素质吃饭，或许根本不喜欢篮球，但那就是归宿，他们因为身体素质太过出色而入选NBA。对胜利毫无渴望，缺乏前进的动力。

我告诉那些球员："同样的薪水，你可以去这个球队坐板凳，或者你可以去另外一个每天打比赛，但需要你先减掉40磅体重。"而他们一定会回答："哪边都照样拿钱，对吧？去他妈的比赛，我才不想减肥。"

我训练过一名球员，他很适合原来的球队，和队友关系也很好。合同到期，球队给他开了4 200万美金的合同，而另外一支球队则开价4 800万。我告诉他："留在这个队吧，你不适合那支球队，他们不懂如何用你，那将是个错误。”可他还是为了钱而去了另外一支球队，结果这额外的600万让他的职业生涯付出了至少2 000万的代价，再也打不出好的状态。

在某支球队的板凳上度过整个职业生涯，同时收获一笔丰厚的薪水外加一枚总冠军戒指。可以了，如果“可以”就是你的追求。坐着的确可以来钱，但钱本身不能让你变得更聪明，更出色，也不会让你变得更好看。它会让你变得软弱、自满，对未来盲目自信。你根本意识不到，因为人一旦见到钱就会突然以为自己变得有多了不起。

等到钱财散尽、笙歌消停，球队一脚把你踢出名单，一切都已经晚了。

如果一切追求都到钱为止，那么等到钱财散尽，又将如何？别人会付出更大的努力，最终变得更加富有，而你只是歇着什么都不干，还不忘向人炫耀：“老子曾经阔过。”

靡不有初，鲜克有终。如果不懂得捍卫自己的终极目标，一切事情的优先次序就会发生变化。你沉迷于建更大的房子、更多的车库，出入更多的派对，不懂得比对手付出更多努力以保持竞争力，也不再热衷于打造自己的职业生涯。很快，你沦落为众多无名小卒中的一员，天赋日渐荒废，事业走到终点。

努力过程中需要清楚一点，即自己必须放弃什么。刚开始有点小成就，人们开始关注你，你会不自觉地产生一种优越感。

相信我：优越感是种毒药，除非你知道如何掌控它。

去任何地方，做任何事情，都会遇到干扰。你愿意放弃什么？每年劳动节（这里指美国的劳动节，9月的第一个星期一。——译者注）

之前，乔丹会停止一切与篮球无关的活动，专注每天 3 次的训练：训练，打高尔夫放松；训练，吃中饭，打高尔夫放松；训练，吃晚饭，就寝。他比任何人都清楚，球场上的所有鲜花和掌声，都是训练场中刻苦努力的结果。球鞋品牌和商业广告没法让你成为篮球的标志，只有在球场上无人能挡才行。

请对自己负责，除非你愿意在退役后体重 400 磅，整天躺在床上啃薯片。身体就是你的赚钱工具，好好养家糊口吧。

每一天，我都会自信满满地投入工作，我希望你也一样。晚上出去之前，你先告诉我明天还想不想打好比赛。到时候我好判断，是你的状态出了问题，还是你喝多了脑筋有点糊涂。我们可以偶尔减轻训练，但迟早会补上。我要的只是简单明了的真相。

你说："我感觉自己今天就像是个废物。"没问题，无需解释。需要更多信息我会问你，对你的错误我也不会客气。用行动告诉我。只有你在乎自己的职业生涯，我才会在乎。

我最佩服乔丹的地方，是他始终如一的职业精神。即使经历着失去父亲的巨大悲痛，他也在赛场上做自己该做的事情。韦德即使沉浸在离婚和争夺孩子抚养权的痛苦中，仍每天按时训练。

统治者法则：即便经历全世界的痛苦，你也从不躲藏。

按时训练，直面不幸、批评和嘲讽。所有人都以为你将一蹶不振，可你却进入了白热空间。这就是职业精神。

糟蹋自己的身体和技能显然很不职业。很多年轻球员在糟蹋自己的整个未来。本该投入时间和资源打磨自己的技能，提升竞技状态，这样才能在联盟脱颖而出，可他却认为夏天的训练代价太昂贵，需要趁这个休赛季好好放松一番。他开 15 万美金的豪车，带镶巨钻的腕表，脖子上挂的金项链粗得像条巨蟒，却不愿花 10 万块确保自己能够继续每年挣 1 000 万美金？如果你真想要一直赢下去，就没有休赛期一说。不过，一旦被球队开除，你就能永远享受休赛期了。

好好训练吧，即使有比担负成功的压力更好的机遇，也没有比赢得他人的尊重和恐惧更大的回报。面对你的成就，他们只能心存敬畏。

第十二章

宁愿被害怕，不愿被喜欢

被动者不会说出自己的想法
掌控者会在你背后说出自己的想法
统治者当面直说，不管你喜不喜欢

我对敌对球员之间的互动很感兴趣，尤其是他们在场上那些恩恩怨怨。看了几十万个小时的篮球，我知道这并不是个别现象。有些球员会被排挤出全明星赛或国家队，另有些球员则会联合起来孤立某个球员，公然反抗球队和教练。

这些家伙都不是统治者，统治者要在你处于最佳状态时才打败你，而非故意让你摸不到球。拉帮结派只是某些年轻球员的小把戏，开始有点成绩，就一心想要证明自己才是球队的老大。

这种行为幼稚得可笑。如果你想炫耀一下自己或吸引别人的关注，最好不要在全明星赛或奥运会上犯傻。你应该关心比赛本身。

如果你想排挤的人正好是一位统治者，但愿老天保佑你。他将从此紧盯你的一举一动，从此再也不会忘记。总会有人想要制服那些与众不同的佼佼者，而统治者以看他们做各种徒劳的尝试为乐趣。

- 被动者让人喜欢；
- 掌控者令人尊敬；
- 统治者让人背脊发凉。

统治者潜伏而行，外界从不知道他在做什么，甚至不知道他的名字。然而，一旦统治者准备好出现在你面前，就会像一场毫无预警的海啸一样登场。人们根本没有任何反应时间，一切都为时已晚，只能被他的狂风巨浪席卷而去。

统治者不会去讨别人喜欢，但会尽一切可能激起别人对他的恐惧。

如果你对接下去会发生的事情一无所知，只能听任其发展，会有怎样的感受？紧张不安、心烦意乱。如果我想迷惑对手，就会在他的眼皮底下故意跟另一个人咬耳朵。我也许只是悄悄告诉对方赛后去哪儿吃晚饭，但我的对手会因此陷入猜测，无法再专注于自己的本职。这样，他就彻底不在状态了。

你想担心别人，还是成为别人担心的对象？

科比不会告诉别人自己在想什么，准备做什么。他只管去做，让别人去担心他的下一个动作。科比因此受人尊敬，成为史上最佳球员之一。

科比在全明星赛上被韦德撞破鼻子，并轻微脑震荡。但在送往医院之前，他还想着亲自跟韦德过几招。不是报复或算账，这就是丛林法则：两头雄狮对峙，狮子王战胜对手登上岩顶，向世界宣告谁才是丛林之王。那种不容置疑的沉默似乎在说："这里我说了算，混账。"

要成为别人的关注点，无需大喊大叫，用行动而非语言情绪告诉别人你才是老大。比如教父，世界级的统治者，屋子里最安静的人。

所有人都唯其马首是瞻。他无需说话，便能清楚传达自己的意思。

又比如父母给孩子的眼神。没有一通呵斥，只需要一个眼神，或许外加只言片语，再不多说些什么。彻底掌控，那就是行动给人的敬畏感。

屋子里喊得最响的人，往往是最无力证明自己的那个。统治者不需要宣布自己的存在，因为任何人都无法忽略他的一举一动。他绝不是吹牛大王，喋喋不休地向你吹嘘自己。他很安静，只重结果，始终如一的冷静和自信。小偷不会在人群中尖叫："我在偷东西！"悄悄地他走了，正如他悄悄地来；他悄悄地下手，只带走你的钱袋。

当一个人到处宣传自己的打算，以及自己将变得多么伟大时，他一定还在努力说服自己。如果你早已胸有成竹，便无需多言。空谈无益，你付出多少就得到多少。

自 1992 年梦之队征战巴塞罗那奥运会开始，我随美国队参加过多次奥运会。在各个项目中你都能发现两种不同类型的运动员，一种在赛前就开始幻想着名扬四海和商业代言，另一种则明白必须先赢下比赛。网站和奥运赞助商在赛前的大肆宣传令运动员完全沉浸其中，父母、教练、训练师、营养师，每个人都想沾点光。

总有个把运动员挡不住诱惑：开始滔滔不绝地说自己打算击败谁，要如何羞辱对方，自己为了这次比赛经历了什么样的磨炼，然后到最终……咣当摔地上。关注点集中在了摄像机而非比赛上，牛皮自然会吹破。

我相信很多人崇拜菲尔普斯，他在北京奥运会上独揽 8 金。但我更尊重他用奖牌说话的实力。别的运动员信誓旦旦地表示要将他踢下领奖台，他未作丝毫回应，只在随后的比赛中以摧枯拉朽之势，拿下了所有项目。

这就是一言不发便震慑对手的最佳例证。

迈克尔·乔丹是我见过最具威慑技巧的人。总有几场季后赛，他会在赛前找借口走进对手的更衣室，说里面有个老朋友，必须过去打个招呼。好吧，那完全是无稽之谈，迈克尔从不在乎与任何人打招呼，尤其是赛前。他的目的不过是想告诉那些家伙：准备好应付史上最强篮球运动员吧。

当整个球队正围坐在那里，盘算着如何面对世界一流的芝加哥公牛队时，迈克尔·乔丹突然走了进来。无论他们当中是否有久经沙场的老将，乔丹进来时，更衣室里便突然变得一片寂静。所有人都停下了自己的事，目光追随着乔丹，观察着，揣摩着，看他究竟要做什么。乔丹只会呆上一分钟，和自己认识或假装认识的人简单握个手，朝周围点个头，然后就像来时那样快速离开。

我们管他叫“黑猫”。来无影去无踪，别人根本反应不过来。

乔丹不会再去想这件事，但更衣室里的那些球员却没法再去专注于比赛。脑中全是乔丹的影子，被 23 号搅得头昏脑胀。整个球队都开始讨论伟大的迈克尔·乔丹会得几分，穿的什么西服，开的什么车。他们已不再是他的对手，而是一群对他心存敬畏的粉丝。任务完成：乔丹入侵对方的领地，占据敌人的头脑，从而控制整场比赛。

前一天还能砍下20分的球员,面对芝加哥公牛队时,却只能得2分。这绝对与公牛队的防守无关，一个球员的能力不可能在一夜之间掉到小学生水平。是他的心态在作怪，因为他脑子里只剩下一句话：自己是在和迈克尔·乔丹打球。

乔丹所到之处,没有人敢轻举妄动。没有人知道接下去会发生什么,但他会激起你等待和猜测的欲望。他总会给对方球队留下深刻的印象。转到奇才队之后，所有人都说他老了，但乔丹仍能找到让球迷激动的方法。他仍时不时扣一个篮，提醒所有人自己还是那个乔丹。“你们还嫩了点”。

只因我不做，绝非我不能。

统治者总会留给对手一点品尝恐惧的时间，以便所有人都知道：他来了。那是一种无可争辩的优势,也是泰格·伍兹最强大的武器之一。每一场锦标赛，每一局，每一洞，所有人都在等他出手，看他下一步的行动。然而随着他被丑闻和伤病击倒，比赛状态下滑，对手便不再畏惧他。无法继续让对手敬畏，便失去了无人能挡的威力。对手的水平并没有突然得到提升，但信心大了很多。

运动员们花大量时间训练、健身，却忘了要赢得他人的尊重，不光需要强大的体能，还必须用心和智慧去赢得比赛。**无论你从事何种职业，你做人的方式、智慧、品味和自控的能力才是你有别于其他人的关键。**

心理优势是我这行的全部资本。如果和某位球员起了争执，我不可能拿自己不足6英尺高的身体去和他拼，何况我可能还比他老20岁。但最终结果是他根本没有好果子吃，因为我会利用心理对付他。我没必要把身体练成和他们一样强，因为他们需要的是我强大的精神力量。有些年轻的训练师一直给我写信，说自己坚持健身了多少多少年，健身成果如何如何。恭喜你，你拥有了强健的体魄。那么你想怎么训练那些运动员呢？你能将自己的心理也练得同样强大吗？你懂得研究自己的技艺，让自己全面掌握相关知识，还是仅仅满足于炫耀自己的肱二头肌，并希望籍此在健身房赢得别人的尊敬？无论多么努力，只有极少有人能成功跨过那座桥。他们认为靠自己的天赋已经足够，其实不然。

> 迈克尔·乔丹比任何人都明白这一点。他知道，人们大老远来看他打球，期盼的不仅仅是场篮球赛，而是一场精彩的表演。公牛王朝时期，无论去老芝加哥体育馆还是新联合中心球馆看球，等待你的将是一场篮球盛宴。人们衣着光鲜，享受完奢华大餐后乘坐轿车抵达球馆。人们晚餐用得很早，谁也不想错过哪怕一分钟的表演。球队热身期间球馆便已座无虚席。每回乔丹拿球，2 000 台照相机的闪光灯便闪成一片。那是芝加哥历史上最难买的赛事门票，每天晚上就像参加奥斯卡颁奖晚会。对篮球毫无兴趣的人都愿意花上几百美元跑去看公牛队的比赛。原因只有一个：为了能和别人讲，他们见到了迈克尔·乔丹。

无论什么比赛，你能告诉我，现在还有几个运动员拥有那种气场？乔丹仅凭场上的表现，已经赢得球迷无上的尊重，然而真正的工作其实从当天一早便已开始。他得确定球票被安排得井井有条，了解每位观众所坐的位置。他知道赞助商需要自己做什么，知道在赛前赛后该去见谁。他关注每一处细节，从领带到鞋子。他戴的不是表，戴的是“计时器”。他开的也不是车，而是体现身份的“座驾”。他不开没洗过的车，下雨天也必须一尘不染。

为何在乎这些？因为他知道围在体育馆周边的人群当中，有很多人永远都买不起球票入场看他打球。站在停车场外匆匆瞥上一眼，已经是他们最近距离接触偶像的机会。乔丹是唯一一位可以把车直接停进联合中心球馆的球员，但他极少那样做。他总是在粉丝聚集的地方下车，以便所有人都有机会一睹他的风采。他的这种沉着冷静会一直保持到比赛结束后很长一段时间。无论输赢，直至回到家中他才能放松下来，结束一天的工作。

所以我告诉我的球员，每隔几场比赛你们都要从车里下来，让粉丝们拍几张照片，替他们签几个名。花上不到 30 秒时间，你的 20 个粉丝会变成 200 个，然后变成 2 000 个。当很多人都能讲述一个自己见到偶像的故事时，你已打动了球迷们的心。**那就是你赢得尊重的方式：你不仅是一名高薪运动员，更是一名社会精英。**

有一次，一位球员打入了总决赛，他跟着我训练。我在球队下榻酒店的大堂等他，打算一起前往球馆。当球员们迈出大堂朝大巴走去，我简直不敢相信自己的眼睛。我们这是去打 NBA 决赛，还是去抢劫呢？如果乔丹在那个队，他会把所有球员都拖下大巴，告诉他们不穿西服不打领带就别回来。

你不用穿一身 3 000 美元的西服，去沃尔玛买 100 美元三套的便宜货就行，但回来的时候要像个男人，别整得像个被学校开除的小年轻似的。

等到那名球员坐电梯下来，简直让我不忍直视。这就是所谓的球队明星，所谓的榜样，穿得打算去洗车似的。我猛地将他推到角落，避开媒体视线，冲他一顿痛斥："这是总决赛，是你努力得来的机会。站在最大的舞台上，所有人，粉丝、赞助商、媒体都在看着你。这是展现自我的终极表演，你的一举一动都会直接影响到别人对你的第一印象。你究竟在想什么？"

他说："没人会去穿西服，我得随他们。要是我穿了，不就显得很奇怪？"

你或许早就知道这样不妥，但那不是统治者该说的话。

你得随他们？你确定？我想重点是"显得很奇怪"。你付出一切不都是为了与众不同么？现在你却想要和他们混在一起？作为顶尖人物，你得给别人树立标杆，而不能是倒退到他们的水准。你得让他们在尊重你的同时也让他们符合你的标准，而非相反。

你到这儿来的目的，不是结交朋友。你出现在这里，是因为你是最好的，要在众人面前展示出来。如果这意味着不合群，我倒觉得不错，表明这条路你走对了。

科比总是不合群，并对此毫不忌讳。赛前练习投篮，从不和其他球员共用一个篮筐。其他球员也很识趣，知道那是他的地盘。科比会偶尔到另一个篮筐和队友们一起练习，但那是他自己的选择。队友们绝不会冒犯他的领地，那就是尊重。

> 2012 年，科比因胫骨受伤休赛几场。他没有像其他受伤的球员那样，身着卫衣或热身服坐在板凳上，而是换上了笔挺的西装，手中还拿着笔记板。乍一看，人们还以为他是继查克·戴利后 NBA 最优雅的教练。那就是所谓的奇怪和榜样。你不只是名受伤的运动员，你更是一位专业人士。

我不是要你努力疏远身边的人。但如果确实出现这样的结果，你也别惊讶。被动者八面玲珑，靠讨人喜欢来弥补自己能力的不足。统治者则无需那样做。他们会远离同事和同行，将自己提升至更高的水准，以示自己与他人的区别。当你全身心投入一件事，就很难再去关注他人。也许你也很在乎别人在做什么，但绝不会拿起电话问个究竟。如果那样做了，通常也是有问的目的。你没时间闲聊、约人吃饭或者做任何令你分心的事情。你不在乎是否被人喜欢，只在乎得到自己想要的东西。这不是结交朋友的好办法，但却是做到真正野蛮进化的惟一途径。

科比极少和队友出门，常常独自训练或观看比赛录像。比起赢得友谊，他宁愿赢得你的尊敬。乔丹和伯德也是如此。无需迎合招呼队友，无需刻意表现。他们只依赖几个知心朋友组成的核心圈子，大家各司其职，分享朋友间对于成功的愿景。

不把某些人踩在脚下你就没法攀上顶峰，但统治者知道踩哪个部位才会不着痕迹。你永远不知道什么时候自己会用到对方。令人害怕并不等于让人觉得粗蠢。举止文雅才能赢得他人尊重，别像个缺乏自信的蠢蛋，靠糟蹋别人来获得优越感。

谁都讨厌那种家伙：进来时自我膨胀趾高气扬，离去时毫无贡献灰头土脸。那不叫统治者，那是装腔作势。他或许可以欺骗一时，但一旦结果显现便无处可藏。

统治者从不吹嘘自己，只用结果说话。当球员在赛季中途因球队没法帮助自己而给我打电话，你觉得球队会开心吗？当然不会。我在乎吗？当然也不会。但结果说明一切，看到他手上那枚总冠军戒指了吧？

当人们骂我王八蛋时，我认为那是因为他们没法理解我所处的高度。那是一种恐惧，当别人只能靠嘲笑和辱骂来打击你时，你已经赢了。他们已没有其他任何办法与你抗衡。知道他们已经害怕，你便可以利用这种恐惧去对付他们。唯一不会惧怕的就是和你同一级别的对手。于是比赛开始，大家实力说话。

人们说“喜欢”你，其实是种侮辱。喜欢即普通，不会造成影响，不会燃起斗志，也不会给人留下深刻印象。就好比我们说“好”，即只是过得去，一般般。离赢得别人的尊敬、崇拜和信任还差十万八千里，更别提调动自己体内的强大本能来实现自己的终极目标。

“他是个混蛋，但也是他那行里最棒的。”

这才是最高级别的赞扬。对统治者而言，再没有比这更高的评价了。但你最好名副其实，否则你就只是个混蛋而已。你能证明自己，还是只停留在装腔作势？

统治者法则：被别人骂作混蛋的人，最有可能被敬为凶残的对手。不是一般的混蛋，而是绝对的混蛋。如果我对某人说：“你是我见过最混蛋的人。”他会立马指着另外一人说：“他比我还混蛋。”错了，他比不上你，而且我是在夸你，意味着你在做正确的事。如果你真正专注于战胜对手，便不会在乎友谊、怜悯或忠贞，也不会担心别人的评价。

倾听别人的指责只会干扰你的目标。让他们恨你去吧，那只说明他们性格上的软弱和情感上的无助，他们的恨也只会让你变得更为强大。你不需要朋友，是朋友需要你。你知道你能信任谁，而他们也最好永远别让你失望。

第十三章

只有少数人有资格跟你并肩作战

被动者逃避残酷的现实

掌控者追求真相，但不合心意便失望沮丧

统治者会把拍马屁的人踢出团队，并有信心处理一切现实

几年前，我训练一名明星球员，他拥有一批史上最具传奇色彩的狐朋狗友。这是个值得关注的现象。一群来历不明的孬种，成群结队地围在你身边，只为在派对上白吃白喝。更要命的是他们还会带来另外一群游手好闲的孬种，这些混混兜里一个子儿都没有。

我的球员绝不会把自己的狐朋狗友带来。我会直接告诉他们："我们接下去要训练 6 个小时，跟我解释一下你们在此晃荡的原因，否则请滚开，你们起不了任何作用。"不过严格来说，我的说法也有问题，他们的确能起到两个作用：一是不停地对统治者溜须拍马；二是充当 PHD，即"游荡专业户"（Professional Holders of Dicks，另 PHD 在英文中是哲学博士的缩写。——译者注）。有朝一日我要定制一批 PHD 短袖分发给他们，以祝贺这些家伙在白吃白喝方面取得的成就。

等到球员受了伤，需要做手术并花几个月时间去康复，这帮人便溜之大吉，在茫茫夜色中重新物色新的寄主，以供他们继续免费混派对吃白食。头一天还有一群感恩戴德的游荡专业户围着他，第二天就被我说中泡了冰水浴。没有一个人来安慰他，给他康复的信心和动力。

对那些早已习惯掌控一切的人来说，要他放弃那种控制权着实不易。他已习惯对球队训练师指手画脚，而如今却只能把一切交给我。

大牌球员在与球队训练团队合作时往往可以随心所欲，因为他们知道那些训练师不想因为得罪自己而砸了饭碗。我时常听到球队训练师们抱怨："我们也想像你那样训练球员，但他们根本不合作。"错，你不能寄希望于球员的意愿。如果球员跟我来那一套，那么我们不可能合作长久。他可以糟蹋自己的名声，但不要连我的也一起毁了。

我们的合作必须以信任为基础，否则什么也做不了。我对某些特殊伤病有严格有效的治疗方案。你必须严守规则，说你不能上场，你就必须得等我观察之后的表态，否则后果自负。

但一直被那么多人吹捧着，这名球员显然有点自我膨胀。经过一周的恢复，他便向我表示自己已能够上场。"我清楚自己的身体，"他宣称。"我很健康，我要打球。"

"听着，"我对他说，"如果你想尽快复出，接下去的三个星期就别碰球。你还得进行负重和水下脚踏车训练，直到你完全复原，我们才会让你慢慢上场练习。但康复计划一开始，我们不允许有任何偏离。"

"你没法阻止我打球。"他说。

我们盯着对方的眼睛。这些球员身高超过我一英尺多，可以把我从球场这边扔到那边。但最好先确定我死了，否则等我重新站起来，你就倒霉了。

"行，"我说，"今天就是你在这儿训练的最后一天，我没法帮你复原。我对走进我这扇门的任何人都有三个要求：准时到场、努力训练、绝对服从。如果你做不到那三条，你付再多的钱给我也是白白浪费。"说完我便离开，留他手里拿着篮球独自站在那里。

那种感觉我懂，所有媒体都在关注他的一举一动；球队处于伤病的阴霾；经纪人累得满头大汗；家人们担心受怕；赞助商们希望他月底之前能跑遍全球；另外还得支付五套房子和七辆汽车的贷款。所有人都想知道这名球员是否还是一颗摇钱树。那的确是巨大的压力。

但我们必须面对现实。晚上他打来电话："好吧，我们继续训练。"从那以后，他准时到场、努力训练、绝对服从。

那便是冠军球员，知道自己有局限性，懂得该去信任谁。

在统治者身边，如果你没有取得他的信任，就彻底完了。统治者只依赖少数人，如果你是其中之一，就意味着你得到了认可。如果不是，那么小心，统治者从不手软。既然完成任务是统治者的最高使命，那么如果他的下一个任务是放倒你，你就铁定会被放倒。

我从没说过统治者是模范公民，我只说过他为结果不择手段。如果你因此认为统治者是坏人，他也毫不在意。你无需喜欢他，只需相信他能搞定所有任务。

如果你是统治者，或许会想："信任？建议？我不信任任何人，也不需要任何建议。"但相信我，不管是不是统治者，你都需要这些。

之前我们谈到要相信本能的决定，主要原因是你的本能知道能信任谁。不管你是谁，想要取得成功，就必须知道谁能帮自己，并将所有最为有利的条件组合在一起。你必须懂得利用身边的人，让他们都能按你的标准行事。如果做不到那点，你不可能无人能挡，甚至连卓越也谈不上。对统治者而言，这或许是最困难的一件事。

如果你是一名统治者，就会对"高处不胜寒"有深刻的体会。

你付出如此多的精力和时间去练就自己的技能，打磨所有细节，替所有人树立杰出榜样，谁还有资格去告诉你如何实现目标？有多少人能达到你已然取得的成就？又有多少人敢梦想你接下去努力的目标？

对统治者而言，信任别人就等于放弃掌控，他们会无比痛苦。从某种程度上说，教训告诉他们凡事只能相信自己。或许这源自他们成长过程中的不快经历，但总而言之，它迫使统治者强烈依赖自己本能的力量。他们意识到，想要生存和成功，就绝不能让自己的手离开方向盘。一旦你放手，别人就将掌控你的一切。除非统治者完全信任那个司机，否则绝不会老老实实坐在乘客的位子上。他确信一件事：车技糟糕的司机比比皆是。

然而信任也并不一定意味着依赖别人。乔丹从来不等保镖、司机或票务经理替自己处理琐碎，凡事亲力亲为。让出色的人围着自己身边，并让他们为自己负责，这不仅是统治者的职责，更是一种挑战。太多人想要参与到你的成功里来，选择谁作为自己的亲信，你必须慎之又慎。

统治者绝不会轻易信任别人，说："来，替我把这事儿做了。"那样风险太高。他会先试探你，也许是 15 分钟，也许是 15 年。不管多久，完全从你的反应和表现判断你是否满足他的标准。他或许暂时用不上你，然而一旦需要，他会第一时间召唤你。

统治者视人们为工具，每个人都具备独一无二的特点。榔头可以用来摧毁或打造事物；刀子落到罪犯手中可以用来杀人，但握在医生手里却可以救命；扳手干不了钻子的活儿，它只能发挥扳手能够发挥的作用。选择什么工具你就只能干什么活，工具用得再好也只能发挥它本身所具备的最大潜力。

统治者的才能，就是整合最佳资源，让人们各司其职。统治者在关键人物的选择上素来谨慎，他们会花费很长一段时间去打造一支理想的团队，而且一旦将所需之人收入旗下，便会努力维护整个团队的完整。回忆一下你身边最成功的人，只要他们认定某事，便会义无反顾地坚持到底。统治者从不为改变而改变，很少来什么“大调整”或“大换血”。当一个人不断清洗自己的团队时，问题通常不在他自己身上，换多少人都没用：他根本不清楚自己想要什么。

有的运动员总是频繁地更换顾问、经纪人、经理人、训练师或助手，或不得不给一些亲朋好友面子，雇佣表哥当助理，让老朋友替自己管账。很快，人心涣散，团队崩溃。他们本该替球员处理一切琐碎，让他专心打球，但最后却弄得一团糟。这完全是自作自受。

团队必须目标一致才能实现目标，不能有独特的优先权。必须面面俱到，决定团队应该参加盛会还是一起训练。统治者要确保每一个人都以自己为核心，不能各自为政，中饱私囊。超一流的人才需要超一流的团队，超一流团队的每一个人都必须能够干出超一流的活儿。

统治者想要掌控一切，身边的人必须有告诉他真相的勇气，无论他想不想听。有人借口说：“我身边需要积极的人。”但那句话等同于“我需要会当面忽悠，让我感觉更好的人”。你聘用我，不是让我来溜须拍马，我的职责是让你不断进步，保持巅峰。如果那听起来很刺耳，我也无所谓。这正是我在自己的工作领域拥有今天地位的原因。

一名球员会得到很多建议，哪件事是他漏掉了的？而我又如何能让他真正信服我？还是这句话：事实很简单。中场休息时，我会在球员通道里跟科比碰个面。我说，他听，时间不超过 15 秒。帮他控制情绪，激发状态，那就是我的工作，接着就让他放手干吧。

2007 年，我替韦德做完膝盖和肩膀的手术之后，将他送回了迈阿密，之后我定期与热火的训练团队保持联系，以确保他的身体没有再出状况。直到有一天，我接到热火训练团队打来的电话，问我能否去迈阿密一趟？抵达迈阿密之后，他们告诉我，韦德不想进行他们替他安排的 4 项训练。我说，我和他谈谈。我和韦德面对面坐下，我告诉他："我需要你进行第一、第二和第三项内容的训练，忽略第四项，没问题吧？""没问题。"韦德说。

我在那儿总共就待了 8 分钟。第二天他们打电话给我："嗨，他练了第一、第二和第三项内容！"当然，那就是信任。我不需要成为舞台的核心，我只想尽自己的职责。作为一名顶级的训练师，我会始终为你工作，但别人永远看不到我。

事实永远很简单，无需解释、分析或借口：它是一句令人无可辩驳的简单陈述。你可以从各种角度剖析它，用火烧它，把它拿到显微镜底下，翻个个儿，切成片，但事实仍然是事实。然而真正成功的人很少有听到事实的机会，围在身边的助理、保镖以及游荡专业户会对它进行加工，花大量时间粉饰太平，哄老板开心，从而维持自己受宠的地位，

但老板总是傻开心也不好，得有人坦诚地拍他一记脑袋。想成为团队里最有价值的人？请直视统治者的眼睛，告诉他别人不敢讲的事实。他或许会不喜欢事实，不喜欢你把它说出口，但真正的统治者一定会感激你点醒了自己。从此以后，你将成为他最信任的人。

但你最好拿事实和我交换事实。提问之前，我已经知道答案。我会不停地质问，直到你承认它。

“你昨晚喝了很多酒？”

“没有。”

“你多长时间喝一回酒？”

“我没喝。”

够了，你一心想要毁掉自己的职业生涯，我也没办法。

想要事情变好，就要先阻止它变得更糟。商界和体育界都是一样。每年我都会接到许多教练、经纪人和球队老板的电话。我很感激他们都能尊重我的意见。

“他能上场吗？”

不行。

“可您看到他的表现了吧，就在……”

没有。

“但要是我们能让他恢复体能的话……”

不行。

让我替你省一大笔钱，包括悲伤和焦虑吧，他没法上场。

答案是否定时，统治者就会说“不”。事前不找借口，事后不作解释。解释就等于换种方式说：“我之前并不确信，但通过长时间的思考，我最终做出了决定，希望你能理解。”如果你想解释，那就解释吧，但你要明白，“不”是权威的大门，一旦解释就给了别人钻空子的机会。别人见你稍有犹豫，就会趁机努力说服你。有人要求你做不想做的事，一旦你开始解释，他就会无休止地向你提更多要求。别解释，别找借口。

事实只需一句简单而直接的话。一问，一答。

成就卓越意味着找到真正的答案，要适时调整，探索并接纳事实。我们经常看到伤病未愈的球员匆忙复出，结果伤得更加严重。私人训练师的工作看起来很神秘，球员常常不知道自己是否应该信任他。

运动员身边围着各种各样的专家，比如教练、训练师、医生、经纪人、顾问、妻子、父母。对了，还有游荡专业户。每个人都有在运动员耳旁聒噪，很多体育精英找到我时，已经丧失了自己宝贵的本能。

不管你是运动员、企业家、CEO、摇滚歌星还是刚刚步入社会的新人，都要有一个保持开放性的大脑。多数情况下，我们要的不仅是事实，更是答案。敞开胸怀，接纳与预期相左的意见吧。

统治者法则：要成功，你身边只能围绕着有野心又有头脑的人。从不追逐梦想的人也不会鼓励你追逐梦想，他们只会像麻痹自己那样向你灌输种种消极负面的东西。

统治者信任的人很少，他们更喜欢遵循自己的本能。即便出错后弥补，也不愿轻信他人。如果没有听从自己内心的声音，他们会非常自责。把事情搞砸了，统治者会坦然面对：他做了自认为正确事，而非别人要求他去做的事。

统治者信任你时，绝不干扰你的工作。他不关心过程，只在乎最终结果。但你必须先赢得他的信任。

迈克尔·乔丹和禅师都是超级统治者。乔丹信任禅师，尊重他的战术安排；禅师信任乔丹，让他按自己的方式打比赛。禅师会告诉乔丹："听着，先从三角跑动练起，然后就去做你该做的事，但至少你得装装样子，让别人感觉到我们的确是在做跑动练习。"乔丹会配合禅师跑上几趟，然后去练自己的。结果呢？他们缔造了公牛王朝。

然而当这种方式不起作用，两位统治者各有一套时，他们都十分清楚彼此间的竞争永不算完。好胜心是如此之强烈，以至于他们绝不会停止对霸主地位的争夺。谨防你一度摆脱的统治者，他会卷土重来，并且比之前更厉害。

- 被动者说话让人摸不着头脑；
- 掌控者说话人们洗耳恭听；
- 统治者说话的时候，你觉得自己得永生了。

统治者会在倾听完别人的意见后自己做决定。我和乔丹刚开始合作时，两人都在不停地学习并了解对方的长处。他懂篮球，我懂人体运动机能。从不质疑彼此的权威。但如今我是导师，很多球员都会来电向我咨询各方面的意见，甚至包括他们老婆孩子的各种糗事。他们为什么如此信任我？因为我的答案直截了当。“信任我”是最具力量的话。你一旦说出口,就是在承担某种重大的责任。你最好能够兑现诺言。

一个是坦言事情将会变得糟糕的混蛋，一个是撒谎说一切都将顺风顺水的好哥们，如果在这两者之间做选择，我愿当那个让别人免于失败的混蛋。他们已习惯了鲜花和掌声，而我却要给他们来点刺。

想赢，就没有失败

被动者坦陈自己对某些事情无能为力并放弃

掌控者虽能意识到自己无能为力，但他却不懂调头

统治者即便无能为力，也会坚持，直到决定改作其他努力

1995 年某夜，芝加哥公牛被奥兰多魔术击败，告别季后赛。那晚，我陪乔丹在漆黑的联合中心球馆一直坐到凌晨三点。两个月前他刚重返篮球场；之前是他的首次退役，期间经历了一次短暂的职业棒球生涯，过去的一年发生了太多的事情。

他穿着西服打着领带，四下打量了一番这座开赛不久才修缮竣工的全新球馆（在原先颇具传奇色彩的芝加哥体育馆基础上）说，“我恨这座该死的球馆。”

“是你缔造了他。”我回答。

在那一系列比赛期间，有些奥兰多魔术的球员说他不像是原先的 23 号，他的确已不再是。他穿了 45 号球衣，根本还没准备好，这一点我比任何人都清楚。他的耐力、投篮……根本没有足够的时间恢复到人们早已习惯看到的那种卓越水准。

可想而知，人们会说：“他的棒球生涯失败了，复出篮坛失败了，整个职业生涯都失败了。迈克尔·乔丹完了。”

他们当然错了。统治者完没完，谁说了都不算，只有他自己。

那场比赛结束时，在与所有球员握完手离开球场前，他给魔术队发出了这样一个信号：好好享受这场胜利吧，因为这种好事不会再有第二回。

然后他换回了 23 号球衣，紧接着的那个赛季，他率领公牛队取得了创 NBA 纪录的七十二场胜利，并赢得复出之后三枚总冠军戒指中的首枚，而在他“失败”之前，他已经拿下了三枚。

失败？你状态最差的时候也强过别人状态最好的时候，也叫失败？我没法理解这种概念。所有的首次尝试都没能成功,就意味着“失败”？这难道让你从头再来继续努力直至成功不是件好事吗？怎能叫失败？

多数人认为的失败，统治者却视作机会加以掌控，最终化为自身优势，完成别人所谓的不可能完成的任务。如果只有 2% 的成功机率，他也会冒那 98% 的风险，只为展示自己敢于接受挑战，尝试别人不可能做到的事。这或许得耗几年时间，期间所尽的努力他人难以想象，但统治者最终仍会接受挑战，让事情朝着利于自己的方向发展。他必须这样做，这是他惟一懂得走的一条路。这样不行，我们得那样做；那样行不通，我们可以这样走。你能准备多少条道？你能开辟多少条路径让自己最终不至于翻进沟？如果真掉了进去，你又有多少办法能帮自己解围？

之后，乔丹成为夏洛特山猫队老板和总经理，广受争议，这引起了我的兴趣。当了四年的小股东之后，乔丹于 2010 年成为山猫队的唯一投资人，成为控股 NBA 球队的首位前 NBA 球员。

统治者法则：如果你的名字刻在了门上，那就掌控住门里面发生的一切。

很快，批评家猛然将炮火转向球队的糟糕表现，质问山猫队的失败会不会令乔丹之前留下的辉煌黯然失色，还拿他与其他跃升至管理层的前球员作对比。“拉里·伯德！乔·杜马斯！杰里·韦斯特！”这些杰出的高管为他们各自效力的球队做出了突出的贡献，但区别在于：他们全都是为别人效力，乔丹在为自己工作。自己的投资，那扇门上刻的是自己的名字。受雇于人干一份你终将自愿或非自愿离开的工作，与拥有一项之前从未有前 NBA 球员做到过的事业，两者有着天壤之别。挑战一项之前从未有人尝试过，成就过的事业，何谈失败？

经历了惨不忍睹的 2011 ～ 2012 赛季之后，他没有责怪任何人，对球队的表现承担起全部责任，并表示自己必将设法使球队走出困境。队里最好的球员居然是球队的老板，那又怎么样？他在赛季后回应记者说，“我绝不想成为史上最失败的球队老板，”你得相信他。

说简单点：只有你决心失败，失败才会真的到来。在此之前，你仍总会想方设法去到自己想去的地方。

当被记者问及扬基队是否会因为上个赛季的溃败而恐慌，以及作为队长将如何应对时，德瑞克·基特这样答道：“我没有恐慌，所以也无需应对。”彻头彻尾的统治者。

达拉斯小牛队的近边锋杰森·威腾主动要求签署医疗豁免书以便自己能够无需听从医嘱不顾脾脏撕裂重返赛场。

德怀恩在季后赛膝部严重受伤拒绝退场，科比身上多处受伤包括轻度脑震荡，仍拒绝下场观战，那就是拒绝失败的决心。一旦出发，就永远在路上，始终寻找着令人意想不到的方法，让一切尽在掌控。

成功和失败，百分百关乎心理。一个人对于成功的看法，在另一个人看来可能是彻头彻尾的失败。

什么叫无人能敌？

不管别人说什么，你必须有自己的定义，建立自己的愿景。

直觉告诉你什么？本能知道自己该干什么？你打算如何成功，在哪方面取得成功？事情本来的面目又怎能依赖别人来告诉你？

别人说你失败的时候，其实他们真正想要表达的意思是“如果换成我，我肯定会感觉像个失败者。”那人不是你，他显然不是统治者，因为统治者从不承认失败。我理解，当别人都想让你失败时，克服重重困难进行反击绝对是种挑战。

2007 年我在芝加哥成立阿泰克运动中心时，已从业近 20 年。当时我已训练过世界上最顶尖的运动员，所到之处，所见之事，别人只有向往的份，但我还是想把阿泰克运动中心带上更高的层次。所有人都说这已是我作为训练师所能达到的最高成就。但对我而言，这仅仅是个开始。我打造了一个一流的运动训练机构,吸引了世界各地的运动员，换作其他任何一位训练师，建造和拥有这样一所机构，恐怕连想都不敢想。

我有自己的期待与计划，运动员们来阿泰克也都是为了成就梦想，创新与冒险就是我想要实现的一切。但和所有事业一样，总有些出人意料的情形会逼着你做出调整，我自然也面临过一些甚至会改变运动中心发展方向的艰难抉择。面对 NBA 的停摆，在无法预知开赛时间的情况下，球员们都不愿在训练方面投入财力。我的主要几位客户，比如科比、德怀恩还有其他一些人，难免都要我迁就他们的行程，因此我的中心建在芝加哥，自己却得跟着他们满世界跑，这样经营事业着实艰难。而不久后，“阿泰克运动中心濒临倒闭”的消息便开始疯传。

这对运动中心的发展而言是种挫折，然而应对挫折才是成功之道。吸取经验教训才能适时做出调整。当别人都在议论你的“失败”时，你得表现得足够专业，重新规划自己的航线，重新上路。那便是从优秀到卓越再到无人能敌的进化过程。没有人能从无人能敌开始。搞砸了，再搞定就是了，记得永远信任自己。

这么说吧：阿泰克运动中心代表着我和我本人所从事的职业，而不仅仅是幢建筑。建筑只关乎设施、环境和一种创新概念。而阿泰克运动中心就是我，就是我的训练哲学，我在哪儿，它就在哪儿。阿泰克运动中心就是我在全球范围内开展的工作，我拼尽全力确保自己和客户在任何合作项目上都达到理想的程度，始终想方设法让我们的训练行之有效。

然而不管在任何领域，当你做到极致时，也会不可避免地成了同行们攻击的重点目标。当同事、朋友、敌人开始在背后议论和诽谤你时，你就知道自己做对了，否则他们那么关注你和你的事业干嘛？

失去？我失去的，你从未有过。

统治者眼中从来没有失败，因为对他而言，过程永远是个“进行时”，没有终点。如果某些事情没有按预定计划发展，他会本能地寻求其他途径让事情重回正轨。他不会感觉尴尬或羞愧，不会责怪他人，也不会在意别人对他说三道四。因为那绝不是终点，事情还远没有结束。

他知道，也毫不怀疑，无论发生什么，自己都能想方设法克服困难。

如果你有幸见到我和一只熊在林中搏斗，就去帮帮那只熊吧。

善做选择，变“失败”为成功。如果你的球队没能赢得冠军，如果你的事业分崩离析，如果你的付出没能得到相应的回报，不妨仍按既定路线走下去。

记住你是谁，记住自己一路走来付出的一切。遵循自己的直觉，它在告诉你什么？

过程远没有结束。你还有各种选择：

- 被动者擅于承认失败；
- 掌控者蛮干到底；
- 统治者调整战略，看求最好的结果。

承认失败不在本书的讨论范围之内，因为“放弃”和“野蛮进化”无论从哪种积极的角度看都水火不容。承认失败，称自己别无选择的人，无非是对自己、成功和卓越不够较真。口口声声说自己会“努力”，一旦努力无果，便主动放弃。

去他妈的“努力”。努力是对失败的公开邀请，不就是换个好听的说法吗？

“我失败了，但那不是我的错，我努力过。”

你努力到极致了？还是你做到极致了？二者有天壤之别。

“嗯，我努力了。”好吧，那么告诉我你做了什么。

只有做和不做。

去做，没做好的话，从头再来。

你照这个方法做了吗？那个方法呢？你是否尝试了所有想法？要

让事情朝着自己的预期发展，还有其他可能的办法吗？

如果“卓越”是你的追求，那么你必须乐于牺牲，那是成功所需的代价。只有当你初尝失败的酸楚，才会知道自己对成功有多渴望，才会想要把吞到肚子里的怨气一口一口地吐出来。

被换下场了？亏了一大笔钱？别人顶你的名额升了职？别人或许会放弃，这些人当然也会力劝你放弃。但你之所以停下脚步，只能是因为你想要停下来。

是否仍有需要完成的工作？你的内心是否仍感觉愤怒，驱使着你去采取行动扭转局势？不到万不得已，掌控者不会停止脚步，但请记住，他之所以被称为掌控者，就是因为他已走到终结处。一旦终结一刻来临，他能感知得到。一切都已结束。

统治者绝不能接受“一切都已结束”的说法。但他总能意识到，是时候该调整方向了。

一旦树立了目标，中途改变航向是最艰难的选择。做出决定，付出努力，也得到了相应的回报，可事情就是没有朝着理想的方向走。

承认必须调整策略，算差劲儿吗？

拒绝考虑其他方案，因无法适应变通而一败涂地，才叫衰。

我们都有过这种经历：意识到什么事情不对劲了。你前进步伐没有计划的那么快，没赚到想赚的钱，有什么突发状况影响了你的状态，或者只是不喜欢正和你共事的人。

此刻，本能就成了你所拥有的最有用的工具，因为惟有你才能决定是否听从自己的心声。

在职业运动领域，对大龄运动员而言，选择退役就是一个如此艰难的决定。能不能再来一个赛季？对年轻运动员来说，是选择继续坐板凳，还是转投其他俱乐部还是干脆换个行当？在商界，则可能面临创建或出售一家企业，变换职业或工作。无论何种情形，都要懂得依靠勇气和自信适时作出转变。

你需要某个特殊的人来提醒你此时当适可而止，并且他知道，何时该重新调整你努力的方向，以便助你最终迈向成功。也许你的梦想并未像预期的那样顺利绽放，然而你所积累的某些创造力和想象力会帮你重新调整目标，将其最终与你一直以来梦寐以求的东西联系起来。

我可以毫不犹豫地对自己说，在我所从事的领域里我是最棒的，实至名归。但为了做到最好我不得不吸取大量教训,时刻准备变换方向，同时避免被别人对成功或失败的看法左右。

第一次得到教训时，我还是芝加哥伊利诺伊大学的一名篮球运动员，拖着撕裂的前交叉韧带，怀揣巨大的梦想。那时我恢复得很糟糕，臀部、腿部及膝部都出了一连串的问题。而且我身上还有多个地方做过外科整形手术。当时我并未意识到，自己最大的弱势会变成最大的优势，历经几乎所有可能的伤病和手术之后，我竟然得到了应对同样问题的宝贵经验，并最终以此为那些顶级运动员服务。棒极了！

我是一名不错的球员，但还够不上NBA级别，只是当时我还不愿承认。首度受伤后，我满脑子想的就是继续打篮球。我并非极端的宗教徒，但当时对我来说撕裂的前交叉韧带仿佛就在向我传递一个信号，“听着，为了继续打球，你已耗费了太多时间，而这根本不可能实现了。所以干脆断了膝盖复原的念头，尽早回归正途，专注于自己这一生该做的事情吧。”

与自己的梦想擦肩而过，任谁也不愿接受。我继续坚持打球，在那个伤病累累的膝盖上套上一副硕大的支架，竭尽全力想要克服伤痛和灾难性的康复治疗后遗症。

终于有一天，事情出现了转机：正当我在打联赛，有个我根本不认识的孩子走过来对我说："我还记得你以前打得很不错。"

哦。

明白了。

那句话给我敲响了警钟，这个信号让我意识到我是在逼自己做一件成功无望的事。这孩子给出的差评，他无非点破了我早已知晓但一直不愿承认的事实罢了。此后我只打过一场选拔赛，那也是我的最后一场球。

是时候替当年的梦想找一个新的结局了。

学习，调整。如果受损的身体让我注定不能再打球，何不凭借自己的经验找出条新路。而我当时已经能够看到出路：我不想替球队服务，只想给自己打工，找某个球员过来，将他训练得比以往更加出色，那样我也同样可以在 NBA 中占据一席之地。

我想我做到了。

当然，让自己的梦想成为现实，我花费了比预期更长的时间。我一直紧盯着布拉德·塞勒斯和其他的公牛队员，给他们所有人写信，力荐自己的训练服务。没一个人给我回复。当时我认为迈克尔·乔丹是最不可能聘请训练师的，尤其是像我这样一个初出茅庐的训练师，因此我从联系过他。

我从中学到一点：不要尝试，直接去做。

如今我教无数出类拔萃的球员照顾自己的身体，因为自从遇到前进道路中的第一个障碍起，我就拒绝承认失败。把别人眼中的消极因素转变为自己的积极优势。不着急不上火，更不缴械投降，盯着困难想，如果此路不通，那么铁定还有其他可行的办法。

告诉所有质疑你的人，“我能搞定。”

不要寄希望于所有人都能理解或认同你的新计划。多数人不是耽于安逸就是惧怕摆脱樊笼，于是他们会习惯性地把所有的疑虑加到你头上。他们预料的是失败，而你期盼的是转机。当我决定涉足这一行时，所有人都说，“哦，健身教练。”不是。“私人训练师？”不是。我不是私人训练师。

私人训练师只帮你在体育馆训练一小时，然后等你下次再预约。而我，一周 7 天、一年 365 天，都会日以继夜地帮客户训练。只要你需要我，我就会在你身边。你可以叫我建筑师，也可以称我为运动训练专家。犹如建筑师构建大厦，我由内而外构建一位优秀运动员的身体。如何帮你重塑肩膀？如何帮你塑造体格，让你比以往任何时候都更加强壮、更具耐力和力量？我是身体建筑师，负责打理你委托我打理的身心上的每一个纤维。

所有这一切，都源自于我作为一名篮球运动员的“失败”。

对我而言，成功意味着做别人做不到的事情，而非能赚多少钱。

几年前，我替罗比·胡梅尔训练了一个夏天。他是一个很棒的小伙子，当时在普渡大学打球，八个月内第二次撕裂前交叉韧带。第一次是在 2010 年，赛季仅剩八场比赛，当时的他读大三，已被视为全国最顶尖的球员之一。因决意重返赛场，他做了手术并随校队训练师进行了康复训练，大四那年回到“锅炉制造工队”（普渡大学校队昵称。——译者注）备战新赛季。

在球队首次练习赛上，他再次撕裂前交叉韧带。整个赛季泡汤，或许就此诀别球场。

8个月内两次手术？前交叉韧带两度撕裂重返赛场？战胜这样一个困难，意味着得付出巨大的努力。人们开始说，“这颗冉冉升起的新星，6英尺8英寸的全美最佳前锋即将陨落。”当时他的父亲打电话给我，问我能否帮其彻底恢复，让他以一名大四毕业生的身份再打一届比赛？

我不知道其他同行能不能做到，但罗比就此成为我的第三位客户。我知道我们得如何替他安排训练内容，但能否拿出苦撑数月的决心和顽强意志全取决于他自己。

一连7个月，他坚持康复训练，每周5天，每天两次，不是在芝加哥的阿泰克运动训练中心，就是在瓦尔帕莱索的学校。无论在哪儿，他都得开一个小时的车来，我觉得他有点被我们如此快节奏高强度的训练要求吓到了。

“头一天我以为他们只会和我聊聊，量量身高测测体重，”他告诉记者。“没想不到一小时，他们就让我抱着垃圾桶狂吐不止。”

我们的目标是要他赶在十大联盟2011～2012赛季前彻底恢复。人们说这不可能。他的外科医生已宣布他再也不能打球，但在我给他开绿灯之前，他还得通过我的一项测试，即48英寸高度的起落跳。所有进行膝部、脚踝和臀部康复训练的球员，我都会安排他们做这项测试。最终他通过测试的那一天，也正是我们训练结束送他返校的日子，美好的告别。我们完成了任务，他也将重新启程。

重返赛场之后，他不但比以往表现更加出色，更在其职业生涯中第三次荣膺十大联盟最佳首发殊荣，在得分、篮板、抢断、三分球和罚球等各项技术统计方面都位列前十。在美国大学生篮球联赛打的最后一场比赛中，砍下26分，包括5个三分。那时我们已不再一起训练，但看着他先在NBA选秀赛第二轮被选中，后又前往西班牙开始自己的职业生涯，我由衷地为他感到高兴。

在西班牙，他很快又撕裂了半月板。更为频繁的手术，更高强度的训练，更加坚定的决心。许多球员会退缩，但他始终坚持着。

完全关乎个人的选择。我会事先与我的运动员说明一切，让他们自行决定继续奋斗还是就此放弃。特雷西·麦克格雷迪曾面临一项为期18个月的膝部康复训练，他必须做出残酷的决定：放弃两年职业生涯，以确保自己的膝盖到了四十或五十岁依旧功能完好，还是赌一把，将周期缩减一半，练就一副超强的膝盖以确保自己获得一个完美的职业生涯？那不是我能够替他做的决定。

针对这些情形，我只提供备选方案，运动员们必须自行做出选择。选择稳扎稳打，你也可以很优秀。但除非愿意冒险一搏，否则你不可能得到跨越性的“进化”。稳扎稳打能够让你优秀，冒险一搏却能令你卓越。

吉尔伯特·阿里纳斯又是一个决心以身试险的人。我告诉他，你这个膝关节的屈曲度接近100度，3年后会缩至90度左右，七年后或许会缩至75度。吉尔问：确保能打球的最低限度是多少？我说在45度左右。他回答道，没问题，我可以。我们知道，我们能让吉尔伯特百分百恢复，因为但凡愿意将自己的所有行李打包搬到芝加哥，花3个月时间接受我的魔鬼训练的人，必定早已把心态调整到位了。

那些重大抉择，最终将决定其成败与否。他们信任谁？医生必须提供完备的医疗解决方案帮助患者彻底康复，他们治标，我治本；球队和赞助商希望球员能尽早重返赛场；经纪人则在考虑该如何应对眼前的局面，以确保有利于锁定下一个合同；我，只关注伤病，与当事人沟通，为他提供方案，有的放矢，对症下药。

“这是导致你受伤的原因，那么我们就要解决这个问题，杜绝其再发生。何去何从，由你决定。”球员信任我，愿意为改变人生冒巨大的风险，这让我颇有成就感。金钱很诱人，却远不及帮助那些没多少时间可资拼搏的人脱颖而出有意义。

我喜欢朱万·霍华德那样的球员，自1994年进入联盟打球，近二十年间兢兢业业奋斗不息，不断寻求戴上总冠军戒指的机会，最终于2012年随热火队夺得冠军。你知道一个年届不惑的球员，只因拒绝带着未能夺冠的遗憾退役，为保持状态稳定球队，付出了多少艰辛？

那就是一个拒绝失败，必须收获胜利才甘心离开的球员的典范。

面对运动员，你必须有这样的意识，每天都要让他们感受到自己离职业生涯终结越来越近，每天都面临离开还是继续战斗的选择。无论他们何时离开都能确保成功，这方面的工作我如何能强化？也正是我寻求自身成功的所在。

他们都想让现有的一切成为永恒，视自己职业生涯的终点为某种损失，其实也不尽然。如果他们能让自己的身心提前做好准备，就没问题。这话我和那些临近职业生涯尾声的球员们说过很多遍：让自己变得无关紧要只需一年时间。留下作为球员的影响力，但等到你每天起床之后无所事事的时候，那又意味着什么？现在就得想清楚，别让自己变成又一个求关注的前NBA球员。别人不可能永远找你签球鞋广告，也只有为数不多的人能够去当教练或现场评论员。那么你将来要干嘛？如何将自己卓越的职业生涯延续下去，让自己在接下去数年里继续无人能挡。

现在就开始行动，因为等待只能让原本存在的选择瞬间溜走。别人也在追逐同样的梦想，在你抓着一套毫不管用的东西牢牢不放的时候，他们已赶到你的前头。

统治者知道何时该离开，该往何处去。从不匆忙奔跑，始终闲庭信步。他会以自己的方式不着痕迹地离去。他可以输掉一场战斗，因为他仍在策划赢得一场战役；输一场比赛，但得赢下整个赛季；输一个赛季，回头连赢三年；丢一份工作，再创造一份全新的事业。

关于他是否已然取得成功，别人根本无从下定论。

他还需要别人定义他吗？

庆功？你赢够了吗？

被动者在庆功宴上来得最早，走得最晚
掌控者在庆功宴上露个脸，然后就和自己的团队离开
统治者独自在球馆训练

我来这不是为了参加狂欢派对。等我的客户们次日带着一身派对的臭汗、套着一件被香槟浸湿的冠军 T 恤起床时，我早走了。

等一切复归平静，我们会花上几分钟时间找到对方，言归正传。

“你还好吧？”

“还好。”

“行了。再来。”

这是统治者最喜欢的用语。永远有更多事要做，更多需要证明，永无止境。让别人去庆祝，你对自己仍不满意。

如果到第六场才锁定胜局，你会失望。如果跳了 195 下板凳，你会问自己 200 下有那么难吗？如果你签下一个 100 万美元的合同，会不停地追问自己当时能不能以 120 万成交。

永不满足。

极少数情况下，如果你的确想要庆祝，也只会留给自己一个短暂而私密的片刻，你不愿和任何人分享，因为或许根本没人能理解你取得当下成就所付出的艰辛；别人可以庆祝，因为你让这一切成为了可能；或许他们根本意识不到那一点，但是你很清楚。

你所取得的一切成就，追求的一切目标，不是为了庆祝，也不是为任何人。你做的一切，只为那美妙的瞬间，那种令人振奋，汹涌澎湃的成就感，人人都曾梦想过，但极少有人能够如愿以偿。

然而自你感受到的那一刻起，那种感觉便已开始消退。你满脑子想到的，就是不顾一切地再来一次。

那种瞬间的“满足感”，被代之以更深沉热切的“渴望更多”。

统治者明白胜利所包含的那种静默的悲哀。当其他所有人都在享受胜利的时候，他却在等待这美好一刻转瞬即逝，倔犟地暗示自己这份荣耀已成为过去，全新的挑战已在前方等候，比自己以往面临的任何一次挑战都更艰难、更残酷。

如果想在庆功会上辨别谁是统治者，找找那个独自站在一旁、望着其他人的球员。他替他们感到高兴，因为他们终于可算大功告成。但对他来说，任务才刚刚开始。他早已开始考虑下一步计划，下一次冒险，下一项技巧。不妨观察一下帕特·莱利下次率队夺冠之后的表情，在庆功会上，没人会比他更显克制。他再清楚不过，取得这般成就自己付出了多少艰辛，而要保持这般成就，又得继续付诸多少努力。

真正的统治者，从极度兴奋到万般失落只是瞬间的事情。胜利之初的五分钟里，他会欣喜若狂，接下去的 24 小时，就只是淡然地开心了。再然后？

训练。

所有人都夸他干得漂亮，他知道：确实不错。但他们的认可对他而言毫无意义，因为他给自己设定的标杆，远高于其他人对他期许。不管结果是输是赢，他所考虑的，只是自己如何还能更好、更顺利、更迅速或者以更好的方式完成之前的任务。因此任务虽已达成，但他依旧在反思，自己当时如果那样做或许就能干得更漂亮。

那就是对卓越的野蛮追求，始终相信自己的能力，自我追加的要求比其他人能要求你的多得多。胜利是一种瘾。卓越的文斯·隆巴迪常言，“胜利是一种习惯。”但我更认为，它是一种必定会演变成瘾的习惯。只有等你尝到滋味之后才能理解，然后用你的一生去追求更多的胜利。通过直觉你能感受到，内心阴暗面对它的渴求令你隐隐生疼。当你完全进入状态时，除了对成功坚定不移的渴望，你感知不到其他。你所做的每一次选择和每一回牺牲，独自准备、学习和梦想的每分每秒……都是为了满足那个瘾头。

而如果你曾有过那种念头，想要问自己为何需要如此卖力，或者不知道这一切是否值得，那就直接放弃吧，你还没搞懂。

要重新品尝胜利的滋味，你必须从头开始，再度经历整个过程，为一个并不确定的结果付出更大的努力。如果你弄清楚了这层意思，就差不多清楚获胜的艰巨性了。

我最初开始带科比训练时，一次赛后朱万·霍华德走到科比面前说，自己曾跟我训练过很长一段时间，同时谈到我如何帮他延长了职业生涯。最后他问科比还打算打几年。

“打到拿下第六枚总冠军戒指为止吧，”科比回答。

朱万提的问题，科比多年来都未曾回应过，也没有用年龄或合同期来回答，而后者往往是多数球员回答此类问题时的选择。科比用了戒指数来回应。当时他已拿了三枚。紧接着两个赛季他又收入两枚。截止到我撰写本书的时候，再拿一枚就能实现他的目标。要我说，他还得再拿两枚。

那就是所谓的瘾。别人想的是自己的合同还剩几年，或者自己这副疲惫不堪的身体还能扛几个赛季。而卓越的球员没闲工夫想这些。他们只有一个本能答案：赢。他们不会考虑自己何时会撞到天花板，也不相信自己有天花板。只管勇往直前，或者以自己的方式离去，他们主动想要离开之前，绝不会受其他人的言行影响。

几年前，我带一名想尽快从手术中康复重返赛场的球员训练，他对我说，“我想练得更加出色，那样我才能和所有人平起平坐。”

那句话引起了我的注意。“再说一遍，”我说。

“我希望能和所有人平起平坐。”

“说说你对平起平坐的理解，”我说。

“我想给那些曾经说我不行的人们一点颜色瞧瞧。”

“你知道平起平坐的意思吗？”我问。“它的意思是你和他们能力相当，几乎差不多。排排坐。”

对方一阵沉默。

“你是当真想要和所有人平起平坐，还是想要超越他们？既然能将他们甩在身后，为何还要与他们排排坐？在篮球运动里，避开对手你才能运球突破。这个游戏也是同样的玩法。你的目标是取胜，而非打成平手。”

他听明白了。并非所有人都能听得明白。想想你认识的那些人，如此的天赋异禀，才华横溢，却完全缺乏前进的动力，仿佛是被一顶无形的罩子罩住了。多数人任凭自己受限于斯,不是受他人的言行影响,就是受自我定位的羁绊。他们决定无论那顶罩子底下情形如何，自己都要安于现状。

我的任务就是要帮你掀起那顶罩子。无论你做什么，我都希望你能比上次做得更好，表现得更强大。有位球员找到我说，“今晚我要拿三双,”接下来上场，他果然拿下了三双，所有人都激动不已，而我所考虑的只有这一点,“昨晚你怎么没做到?”

统治者为自己而战，其他人则都能分享胜利果实。他为实现自己内心的目标所做的一切努力，终将外化为给队友们的切实支持。实现自己的需求时，周边所有人都能得利。如果他是一位老板，企业赢得巨额利润，得益于他日以继夜的工作并促成大单交易，最终所有员工跟着受益。他之所以能成为绝杀球员，是因为他在该死的每一天都要训练那个该死的投篮动作上千遍，而最终他的队友们在回家时也个个成了赢家。但别人会去庆祝他不会，因为他会去看数据表，跳过那些好的数据，直接切入差的部分。“三十分，十次助攻……该死，两次失误。”然后那就成了他惟一的记忆:“哦，那晚我失误了两次。”他打出了一场近乎完美的比赛，但对他自己来说，还差远了。

对从“近乎完美”进化到“完美”的渴望程度，是区分卓越与无人能敌的关键。

你从不回避那种躁动的感觉，从不满足于已经取得的成就，总相信自己可以做得更好并不惜一切代价加以证明。这是一种理想的生活方式吗?我不知道，但我能肯定这并不容易。

你希望自己的家人和朋友最终都能够理解，但他们或许并不能。

你的全部生活都聚焦于一个目标，将其他一切都排除在外。无论你专注于商业、体育、社交还是其他任何领域，都不得不决绝地说，“既然干了这行，我就会放弃必须放弃的一切，专注于此。我不在乎别人怎么想，如果结果会影响到我生活的其他方面，万不得已之时，我会自行应对。”

那就是科比的人生哲学：所做的一切都是为了追求卓越。

常听人们说：“我将不惜一切代价！”而科比是真正的践行者。

生活中的每个细节，一天中的每一小时，泡在体育馆的孤独时刻，找人帮助自己保持卓越水准，都是为了确保自己抵达并维持在事业的巅峰。那也是我们配合如此默契的原因，彼此有着共同的关注点：对获胜上瘾。

然而，一旦你永不满足，生活就开始变得孤独。

人们以为成功能使他们快乐，然而体验过之后，却常常会发现一切与想象的不尽相同。你会实现自己的欲望，但同时也得准备好，自己或许会落得个形只影单，因为你勇于不走寻常路，走向了别人永远无法理解的极端。你最终将会拥有自己曾经梦想过的一切，但与此同时你也将会确信自己一直怀疑的一件事情：没人能理解你经受过的苦难和走到今天所付出的艰辛。

对我而言，永不满足意味着时刻准备着应对任何情形，好整以暇地调整，完美适应。它意味着审视每一处细节，一丝不苟地关注那些别人都注意不到的事情。我无需看着篮球灌入篮筐，从出手的动作我便能判断球能否投进，那是我的工作。我会向你演示为何你的手腕得在这个位置，而肘关节得在那个位置，为何这样出手球不会进而那样出手才算完美。当我向球员们展示各个部位如何关联配合才能有效时，他们几乎都不敢相信。那正是我有别于其他同行的地方：从不忽略任何细节，并确保你也不会。

如果你以那种方式生活和工作，代价也不菲，竞争力超强者面临的最大挑战之一，就是有朝一日会精疲力竭。你赢得奖项，一身荣耀，赚得盆满钵满……然而，与此同时你的内心也会滋生一种强烈的渴望，迫切想要躺下来让别人替你担负一阵子压力。个人生活中的那种压力、审慎与负担，同时影响着你身边的其他人。倘若你从事的是体育以外的事业，那么你还有其他选择。换工作，换行业，休假，返校回炉，做点本行业的延伸学习。在体育领域？门都没有，除非你的天赋和技巧高到极点，花得起时间任意切换，就像乔丹去打棒球一样。在我看来，那正是他之所以能成为最优秀的运动员的原因所在：进入状态时，他能够完全驾驭时间，而他自始至终都维持着那种状态。他宣布退役，后又重返赛场，除了球技更为精湛之外，其他似乎没有任何变化。但除了他，其余运动员都挥霍不起那样宝贵的时光。他们只有短短数年时间能在自己的领域里留下些许光影，之后很快就得面临退役。而他们退役的年龄，对多数人来说，事业才刚刚起步。

不过从某种程度上说，任何一位精英运动员，对投入的无休止的训练都会心生厌倦。这在那些少年成名的运动员当中尤为普遍，比如网球运动员和奥运会选手，他们感觉自己从未有过童年生活，因为自己一直都在工作，训练，奔波，比赛。如果你从未有过童年生活，成人之后你会特别向往。因为想要开开心心，违背规则，抛却责任、目标和成就，完全是人之常情，我完全理解。但如今我坚信，童年的价值被高估了。事实上，当你拥有自由和富足的经济基础之后，作为成年人，你完全可以享受好于童年的感觉。牺牲这一小段时光将自己打造成了一个传奇，但你可以用余下的一生回归童年，无论到了什么年纪。用尽全力继续拼搏，即便等到30岁或35岁才梦想成真，你仍有好几十年的时间去享受赢得的一切。

有些运动员知道自己已经走到职业生涯的尽头，那是事实。然而当某位还在途中的球员感觉激情耗尽时，他的确很难重新找回之前的状态。或许是因为他赢了一次总冠军，整个休赛季期间彻底放松，第二年回来时仍然带着些许自满。通常情况下，只有一样东西能让他重回状态：那便是拼搏精神，想到别人时刻都想取代自己，意识到当自己身材走样精神懒散的时候，别人仍在精益求精，对胜利充满着渴望。接下来他必须奋起直追，否则这个冠军头衔戴不了多久。

在乔丹入驻名人堂的演讲中，有句话让我想了很多。

“我曾经以为，我们已经可以功成身退，但此刻我真的不确信。”

我至今仍不确信，所以会时刻准备着，以备不时之需。

统治者和其他所有人一样，也会精疲力竭，比起让他就此离开或者忘却此前付出的种种艰辛，继续前行更令他感到焦虑和紧张，因为内心对胜利的渴望依旧汹涌澎湃。很多球员退役之后又重返赛场，正是基于这个原因。他们仍不满足，仍想要证明自己。不是为了你，而是为了他们自己。

所有的压力都源自内心。你必须对压力充满渴求，拥抱它，永远别让它消亡。你无需热爱压力，但你必须对结果贪得无厌。

我完成过太多“不可能”完成的任务，渐渐认识到，一切皆有可能。

每天我都会接受挑战并加以证明。我只训练运动员但从不训练好莱坞名人的原因在于：我所做的一切工作，直接关乎表现，球员上场不可能化妆，也没有剧本，更没有藏身之所。无论发生什么，所有人在现场都能看得一清二楚。演员出了错可以粉饰，可以剪辑，而我的球员却必须表现得天衣无缝。

我喜欢那种压力。我喜欢将运动员练得信心满满，胸有成竹，看着自己付出的所有艰辛和努力在全世界人们的目光注视下转化成一件杰作。

我喜欢帮乔丹练就打棒球所需的体魄，然后再帮他回到打篮球所需的体型，看着他继之前拿下的三枚总冠军戒指之后再赢上三枚；我喜欢帮科比练到极限甚至超越极限，使他能够肆意追逐自己的梦想，向第四和第五个总冠军发起攻击并且不断追求更多的胜利；我喜欢迈阿密热火队赢得 2012 年总冠军那晚撞见帕特·莱利时他说的那句话："你是如何在短短几天里让韦德拥有如此强大的爆发力的？"

把问题交给我，我就能替你解决，那便是我前进的动力。面对每一次全新的挑战，我们总会有全新的方法把问题解决得比从前更好。

我得承认，要想打动我不容易，要想教我任何我没法自学的东西也很难。但有一个人每天都在教我，总以各种我从未想到过的方式对我提出挑战，那个人就是我美丽聪慧的女儿皮拉尔。她就是我生命中活生生的例子，应验了情绪使人脆弱的说法，因为一想到她我便纯粹只是一名对自己的小姑娘有着满腔柔情蜜意的父亲。她和她母亲一样聪明美丽，她也是让我从充满紧张、竞争和不屈压力的阴暗面中撤出，回归到充满阳光和爱意的日常生活的动力。我内心深处最大的愿望，就是自己所做的一切，能够令她为我感到骄傲，就像我为她感到自豪一样。

我之所以告诉你那些，是因为我给我女儿的建议，和我在这里分享给你的一样，如此你便知道，我说的这些都是事实：

你的每一个梦想，在睡梦中看到、听到、感觉到的每一样东西，都不是幻觉，那是你内心的本能在告诉你，所有这一切都可能成为现实。追逐那些梦想和欲望，相信自己所了解的一切。惟有你自己才能将那些梦想变为现实。永远不要放弃追逐。

你这辈子所能经历的最大的战争就是和自己的战斗，你必须永远将自己练成一个最强大的对手。自我要求始终要比别人对你的期许更刻薄。

坦诚面对自己，这样你才能自信地迎接每一个挑战，并且深信自己已做好应对一切的准备。人生或许复杂，但事实就是那么简单。

我深信自己没有任何限制，也必须这样相信自己。听从自己的本能，它们会告诉你事实。我希望我所走的每一步，每一个想法和行动，都能超越其他人，让我成为全球同行中的佼佼者，这样的满足感就是我前进的动力。不管你有什么样的动力，让它带你去到你想去的地方；你想要的任何东西，都有可能被你收入囊中。

让自己成为统治者，然后付诸行动。

阶段目标实现，继续从头再来。

彪悍的人生从来都是一个野蛮进化的过程。

[牙买加] 尤塞恩·博尔特 著

郑 岩 译

定价：38.00元

地球上跑得最快的人
全世界田径运动员和媒体的“头号公敌”

从2004 打破世界青年短跑纪录到2013 年莫斯科卫冕世界冠军，历经2008年北京奥运的疯狂之夜和2012 年伦敦奥运王者之战，《快过闪电：博尔特自传》以第一视角重现无数经典时刻。

博尔特独特的狂妄和魅力使得他誉满全球，但博尔特要讲的，并不仅仅是一场9.58秒的比赛，而是一段长达20年的光辉岁月。

[美] 蒂姆 · S. 格罗弗　著

易　伊　译

定价：38.00 元

继《野蛮进化》后，传奇体能训练师
蒂姆 · 格罗弗打造强者的最后关键

乔丹、科比御用体能训练师蒂姆 · S. 格罗弗打造，NBA级别的全套A.T.T.A.C.K.体能训练计划首度公开。

从饮食解构到伤病防护，囊括关于提升爆发力、锻炼一流体能、提高肌肉质量、敏捷度、反应力、持久力以及心理素质等竞技必备素质训练方法，12周迅速打造运动员体格。